康德《纯粹理性批判》导读

Kants "*Kritik der reinen Vernunft*" : Anleitung zur Lektüre

Hans Michael Baumgartner
［德］汉斯·米歇尔·鲍姆加特纳 著
李明辉 译

北京大学出版社
PEKING UNIVERSITY PRESS

著作权合同登记号 图字：01-2016-9802

图书在版编目(CIP)数据

康德《纯粹理性批判》导读 /（德）汉斯·米歇尔·鲍姆加特纳著；李明辉译. —— 北京：北京大学出版社，2025.6. —— ISBN 978-7-301-35916-7

I. B 516.31

中国国家版本馆 CIP 数据核字第 2025PY6363 号

Authorized translation from the German language edition, entitled Kants "*Kritik der reinen Vernunft*": Anleitung zur Lektüre by Hans Michael Baumgartner, published by Verlag Karl Alber
Copyright © 1985.
All rights reserved. No part of this book may be reproduced or transmitted in any form or by any means, electronic or mechanical, including photocopying, recording or by any information storage retrieval system, without permission from the publisher.
CHINESE SIMPLIFIED language edition published by PEKING UNIVERSITY PRESS, Copyright © 2025
本书中文简体字译本由台湾联经出版社授予北京大学出版社出版发行。

书　　　名	康德《纯粹理性批判》导读 KANGDE CHUNCUI LIXING PIPAN DAODU
著作责任者	[德] 汉斯·米歇尔·鲍姆加特纳（Hans Michael Baumgartner）著 李明辉 译
责任编辑	徐文宁　于海冰
标准书号	ISBN 978-7-301-35916-7
出版发行	北京大学出版社
地　　　址	北京市海淀区成府路205号　100871
网　　　址	http://www.pup.cn　新浪微博:@北京大学出版社　@阅读培文
电子邮箱	编辑部 pkupw@pup.cn　总编室 zpup@pup.cn
电　　　话	邮购部 010-62752015　发行部 010-62750672　编辑部 010-62750883
印 刷 者	天津联城印刷有限公司
经 销 者	新华书店
	1230 毫米 × 880 毫米　32 开本　7 印张　110 千字 2025年6月第1版　2025年6月第1次印刷
定　　　价	68.00元（精装）

未经许可，不得以任何方式复制或抄袭本书之部分或全部内容。
版权所有，侵权必究
举报电话：010-62752024　电子邮箱：fd@pup.cn
图书如有印装质量问题，请与出版部联系，电话：010-62756370

译　序

国人吸收康德哲学，若从康有为算起（康氏于1886年撰《诸天讲》，论及康德的星云说），已达一世纪之久。但直到最近，始有三大批判的完整中译本。对康德哲学义理的探索、阐发，吾师牟宗三先生与黄振华先生贡献独多。尤其牟师以康德哲学会通中西哲学，使中国哲学在西方学术界能够突破汉学研究格局，直接与西方哲学相照面、相摩荡，诚为别开生面也。近来有李泽厚先生撰《批判哲学的批判：康德述评》一书［1984年修订版］。此书介绍、叙述康德哲学的部分有其值得参考之处，但其批判部分多半不可靠。兹因李氏思路与康德思想扞格不入，无法真正进入康德哲学；既无"入乎其内"的真知，又焉能作"出乎其外"的"批判"？

译者近年来在大学讲授康德哲学，面对卷帙浩繁、质地紧密的《纯粹理性批判》，始终有无从教起之感。依照译者经验，大学哲学系学生欲通读该书，至少需要两年时间。该书文字、思想均极为紧密，绝无废话，读者得有从容涵泳之余地，否则必不能入。故在课程设计上，最好以四学期时间讲授该书，正好依感性论、分析论、辩证论、方法论这四者展开。但在大学哲学系讲授专门哲学，通常无法讲得如此详细。大一、大二学生哲学基础尚有不足，无法阅读该书。大四学生往往要准备就业或考研，亦无法完全用心于此。囿于现实条件，讲授该书不得不以一学年为限。但这样一来，势必无法依照该书纲要、按其章节详细讲述，而需有一个较简略而又能存其精华的教本。本导读恰合这项功用，因为它原本就是作者在哈根空中大学讲授《纯粹理性批判》的教本，于1985年出版。

作者汉斯·米歇尔·鲍姆加特纳（Hans Michael Baumgartner）现为波恩大学正教授，精通从康德到黑格尔这一段所谓"德意志理念论"（deutscher Idealismus）的哲学思想。他也是巴伐利亚学术院谢林委员会（Schelling-Kommission der Bayerischen Akademie der Wissenschaften）会员，参与编辑《谢林全集历史校勘本》(Historisch-kritische Schelling- Ausgabe)。此外，他还参与编辑《费希特书目》(Fichte-Bibliographie)及《哲学基本概念手册》(Handbuch philosophischer Grundbegriffe)。同时，他也是《哲学研究期刊》(Zeitschrift für philosophische Forschung)编委。其主要著作有：

Die Unbedingtheit des Sittlichen. Eine Auseinandersetzung mit Nicolai Hartmann, München 1962.

Kontinuität und Geschichte. Zur Kritik und Metakritik der historischen Vernunft, Frankfurt/M. 1972.

Schelling. Einführung in seine Philosophie (Hg.), Freiburg/München 1975.

Seminar: Geschichte und Theorie. Umrisse einer Historik, Frankfurt/M. 1976.

Prinzip Freiheit. Eine Auseinandersetzung um Chancen und Grenzen transzendentalphilosophischen Denkens (Hg. und Mitautor), Freiburg/München 1979.

以这样的学力来撰写本导读，自是游刃有余。学哲学的人往往感到难以将专门哲学（尤其是像康德哲学这种具有原创性的思想）通俗化，因为通俗化必须以专门化为前提，否则只会自误误人。本导读最难能可贵之处在于：它是专家为一般读者所写的教本，但又不失其深度。走笔至此，译者不免感慨：何时我们也能在电视课程里讲授中国哲学的一些专门问题（例如，宋明大儒在心性问题方面的精微讨论）呢？

最后，有关中译本的体例，有两点交代如下。（一）中文里从属字尾"的"字通常有三种用法。为免混淆，译者依20世纪前20年代习惯，保留"的"字作为形容词词尾，而以"底"字作为所有格语助词，以"地"字作为副词词尾（参阅赵元任著，丁邦新译：《中国话的文法》，香港：香港中文大学出版社，1980年，第136页）。有时译者亦用"之"字作为所有格语助词，与"底"字同。但所有格代名词（如"你的""我的"）及人名、地名则用"的"字，不用"底"字。在论述像《纯粹理性批判》这种结构复杂、语法谨严的著作时，这种分别是绝对必要的。（二）中译本附上一些注释，但均加上"译者注"字样，以资区别。未加此字样者则为原注。康德哲学中重要术语的中译名并不统一，译者均思之再三后始定之，其理由无法一一说明。译事甚难，其或有思虑不周之处，尚祈方家不吝指正。

李明辉

1988年

前　言

1983年夏季学期，我在吉森大学开了一门哲学讨论课，讨论康德的《纯粹理性批判》。我根据这个讨论课的预备教材为哈根空中大学编了一个电视课程教本，本书即是这个教本的印行本。事实证明，这个教本不仅适合作为讨论课的基础，也适合作为电视课程的基础；因此，我们似乎有理由期望：作为书籍而言，它也将是受欢迎且有用的。对于那些首次研究康德的人，也对于那些已经熟稔康德但想重温《纯粹理性批判》全篇内容或其个别重要部分的人——也就是说，对于哲学研究的初学者及已有相当水平的研究者，但也对于那些敏锐而有哲学兴趣且想稍微更仔细地研究康德的当代人，均是如此。

我发表这个主要是为了研究而写的教本，系基于以下信念：哲学家有一项基本的，但今天多少被忽视的任务，即对于在哲学本行中众所周知的知识，以及对于使这种知识在教学上适应于更广大的有兴趣者的圈子，也应予以必要的注意。因此，本书首先具有教科书的性质；它决无意展示对康德著作的文献学研究与哲学研究的新成果。就此而言，发表本书的目的相形之下是平易的：本书应被视为是对《纯粹理性批判》思想世界的引介，视为是对一部哲学史上经典著作的阐述。本书作为一入门导读，它应当使读者有勇气去接触原文并为之作准备，而不应使这种接触成为多余之事。同时，它想帮助读者在涉入困难而艰涩的细节之外，还能掌握整体脉络（至少是主要思路）。这样一本关于《纯粹理性批判》的小书固然是要引导读者去阅读该书，但也要防止阅读失败。如果阅读成功了，那么将这个教本出版成书的目的也就达到了。

正如电视课程一样，我也想把本书献给一位杰出的哲学家，从他那里我或许学到了有关康德最多、最详尽的知识，这就是我所敬仰的亦师亦友者克林斯（Hermann Krings）——我于 1983 年 9 月完成课程手稿时，恰值他的古稀之寿。我也想借本书出版，对他表达我最诚挚的谢意。

另外，我也要感谢许多在慕尼黑及吉森参加我的康德讨论课的人——不仅为了他们对这个主题的高度期望，也为了他们对于以尽可能平易能解的方式阐述最复杂的思路这项确实困难的尝试所作的挑战。我尤其要感谢"哲学及科学基础中心"两位学术助理柯尔梅尔（Petra Kolmer）和寇尔腾（Harald Korten）。没有他们娴熟而不倦的协助，当时这个教本也就无法如期完成。我要感谢他们编制人名索引及概念索引，并在校对时提供可靠的协助。我也特别要感谢我的秘书韦尔（Ingrid Weil）太太，虽有无法避免的期限压力，她仍以极大的耐心承担辛苦的打字工作。

汉斯·米歇尔·鲍姆加特纳

目　录

导 论 / 001

一、历史的观察：经验论与理性论、独断论与怀疑论 / 006

二、先验哲学的理念与任务：《纯粹理性批判》第一、二版的前言与导论 / 016

    2.1　第一版前言 / 016
    2.2　第一版导论 / 023
    2.3　第二版前言 / 035
    2.4　第二版导论 / 047

三、《纯粹理性批判》的章节划分：此书之系统关联 / 054

四、感性：作为直观底形式的空间与时间（先验感性论）/ 062

五、知性：范畴与原理（先验分析论）/ 074

    5.1 先验逻辑的概念与区分 / 074

    5.2 分析论一：纯粹知性概念：其发现与证成（形上推证与先验推证）/ 080

    5.3 分析论二：纯粹知性底原理之系统 / 092

六、理性：先验的幻相与先验辩证论的任务 / 116

    6.1 辩证论一：作为纯粹理性底概念的理念 / 117

    6.2 辩证论二：产生幻相的错误推论 / 119

    6.3 辩证论三：解决方式：纯粹理性底理念之规制性运用 / 143

七、人类理性底自然辩证之意义及其结果 / 147

八、先验方法论 / 153

九、《纯粹理性批判》的统一性及其与其他主要批判性著作的关联 / 169

十、困难、难题、问题 / 174

重要语汇简释 / 182

重要参考书目 / 191

人名索引 / 199

概念索引 / 202

导 论

《纯粹理性批判》第一版于 1781 年出版，略加修订后于 1787 年出版第二版。此书属于现代哲学基本典籍。我们很有理由说：它是一般而言的现代哲学基本典籍。此书是康德经过十年沉寂之后发表的主要批判性著作。甚至直到他最初构思此书时，他仍然依照传统哲学轨辙从事哲学思考，起初倾向于莱布尼茨、吴尔夫系统的理性论，后来则倾向于休谟式的经验论及怀疑论（虽然他自己也作了批判性的补充）。现在他以一个原创的、崭新的哲学世界观而闻于世。

《纯粹理性批判》探讨人类理性的可能性及界限；它

阐明哲学反思的新准则，以及人类经验知识和科学知识的规范性基础。此批判为人类知识的一切理论领域与实践领域定下了准则；直到今天，这些准则仍然有决定性。根本而论，此批判事实上尚未过时。它提出且探讨形上学底可能性这一问题，并得出一个答案，此答案原则上直到今天尚能保有其有效性。当作在感性知识之理解中及在经验科学之理论中的新构思来看，此批判也未过时。它能与经验科学中的一切理论相颉颃。尤其是，纯粹理性之批判不只未过时，而是根本不能舍弃，因为它是人类自由底理论之基础，是对于以下问题一个依哲学成立的答案，即人类既然受制于自然法则，如何仍能自由行动？当然，这个自由底理论以后在《实践理性批判》中才完成。

首先，我们想想这个书名的意义。这个书名并非使批判加诸任一种理性知识，而是加诸**纯粹**理性。理性知识始终根据且藉由概念而产生。如果这些概念得自经验，它们便是经验的（empirisch）。但若这些概念源于理性能力本身，在康德看来，它们便称为**纯粹的**（rein）。因此，如果理性能力的批判涉及纯粹的理性能力，它便涉及人类知识的某些成素，这些成素并非来自感性经验，而是来自理性本身的根源。是故,"纯粹理性之批判"意谓对所有那些并非源于感性,而是源于理性的概念、原则及由此形成的判断之批判。

然则,在此脉络中,"批判"意谓什么呢?首先,就像通常的用法一样,这个语词意谓分辨与整理。其次,它也意谓检查,亦即批判的考察,也就是说:我们查询被整理与分辨的对象是否正当地被使用。最后,批判也意谓评鉴。在此意义下,批判表示如下任务,即澄清:被整理与分辨的纯粹理性之概念是否具有知识底意义?我们到底是否能藉由它们的协助而有所认知?这也就是说,我们是否可以利用它们去认知?

再看看康德自1769年(所谓"突变"之年)[1]以来在书信中所表达的看法,也有助于解释这个书名。1770年9月2日,康德在给兰伯特(Johann Heinrich Lambert)的信中,把他正在计划的新工作称为"一般现象学"(phaenomenologia generalis),在这里头他想决定感性之界限。接着,1771年7月7日,他在给黑尔兹(Markus

---

[1]【译者注】康德在一则出于18世纪70年代的札记中写道:"[17]69年给我以大的光明。"(*Kants Gesammelte Schriften*, Bd. XVIII, S.69, Re-flexion 5037)

Herz)的信中谈到一部论"感性与理性之界限"的著作。这个标题极精当地显示出他所从事的工作。这牵涉到一连串问题：首先，我们从感性知觉得来的知识具有什么意义？其次，纯粹的理性知识具有什么意义？最后，是否在我们的一切感性知识中可能已隐藏着纯粹的理性成素，亦即，首度使一种感性知识成立且使之可能的概念？要回答这些问题，就必须决定感性能力及理性能力的范围，并显示出这两种能力的界限。日后康德于1781年在《纯粹理性批判》标题下展示于大众的，正是对这些问题的回答。

最后必须强调：这个书名中所使用的"纯粹理性"一词，最初并未决定它是否仅意含一种关于人类知识的理论，或者同时也意含一种关于人类行动的理论。然而，《纯粹理性批判》一书的发展史，甚至其内容都显示：它主要是理论理性（theoretische Vernunft）——亦即思辨理性（spekulative Vernunft）——之批判，而非实践的理性运用之批判。因此，康德似乎应当在纯粹理性批判之后继之以一个单独的实践理性批判。当然，我们可以根据书名将纯粹理性之批判理解成一个包括理论和实践在内全面的理性批判。

在讨论这部著作本身之前，我们先简单提示以下所阐述内容的划分。首先，我们对《纯粹理性批判》试图加以系统回答的问题作一个历史性的提要（第一章）。接着，第二至八章讨论《纯粹理性批判》的主要章节，并直接顺应这些章节的划分。不过，第三章是个例外，因为它特别讨论《纯粹理性批判》全书之系统关联，以便彰显在这部著作中相互交错的各种结构观点，并将其展示于读者，作为了解这部著作章节划分的可能进路。第九章先讨论引出《纯粹理性批判》全书统一性问题的难题，然后讨论此书与其后主要批判性著作（《实践理性批判》和《判断力批判》）间的关联。最后，第十章略述最主要的难题，这些难题在康德著作被接受的历史中曾出现过且一再或迄今仍被讨论，并部分被视为康德哲学中无法克服的困难。

一、
历史的观察：
经验论与理性论、独断论与怀疑论

康德所生长的时代——在其背景下我们才能理解他的哲学的问题、难题与解决之构想——如同每个时代一样，是复杂的：康德自己称之为**启蒙时代**。在这个时代中，有许多精神潮流、宗教潮流和政治潮流相汇合：导致法国大革命的社会理念与政治理念，虔敬派（Pietismus）之宗教的表象世界（相对于启蒙运动抽象的知性文化，此派着重于性情与心、虔诚与内心宁静），在哥白尼、伽利略、牛顿影响下的自然科学发展，最后是近代哲学的内在发展——近代哲学自笛卡儿与培根的对立以来，已成为一部经验论与理性论、经验哲学与形上学、自然科学思考与哲学思辨之间的争论史。

这一切时代潮流都影响到康德并决定了其理性底哲学之构思。如果我们想说出对康德起过决定性作用的人物，无论如何必须特别提到如下几位：就政治的理念世界而言，有霍布斯、孟德斯鸠、卢梭；就虔敬派而言，尤其是舒尔兹（F. A. Schultz），他是教士、神学教授及康德在哥尼斯堡的赞助者；就自然科学而言，则是牛顿；在哲学方面，尤其是洛克、莱布尼茨、吴尔夫、休谟和以里德（Thomas Reid）为首的苏格兰道德哲学。

本章任务并不在于进一步分别概述上述影响康德的潮流和人物。在此我们只能概述狭义的哲学情势，甚至对于这一情势，我们也只能以高度概括性的方式描述其理想型范。

自从笛卡儿以"思想我"（ego cogito）重建哲学以来，**经验论**与**理性论**之争就成为哲学发展的核心。紧随笛卡儿之后并追随其哲学构想，理性论在哲学中逐渐产生，并在历史上经过斯宾诺莎发展到莱布尼茨。面对经验哲学之经验主义传统（该传统始于培根，经霍布斯到洛克，最后传到柏克莱和休谟），理性主义的构想坚称：我们无法以感性经验，而只能藉着源于人类理性本身的概念，以明白而清晰的知识去把握事物的本质。这里牵涉到一个决定性的抉择：仅由观察与实验中的经验取得知识？抑或仅由理性及其概念取得知识？吴尔夫与在德国继之而起的通俗启蒙哲学[这种哲学尤其与苏格兰的"常识"（common sense）哲学相结合]化解了这种鲜明的对立，而联结出一个折中主义的整体观点，这个观点试图正确评断这两个方向的合理要求；当然，这是以牺牲哲学的统一性与内在的严格性为代价。经验与理性之反思在"通常的知性"（gemeiner Verstand）这一基础上被相互联结起来，实则并未得到调停。它们仍然并立而存，而一方面其独立性，另一方面其共同作用，并未被精确地决定。康德受到挑战并在其主要批判性著作《纯粹理性批判》中着手解决的正是这一课题。他必须证明这两个构想都是片面的，并藉由调停它们而达到一种关于人类知识的新理论，进而达到形上学之一种新的视野和可能性。

这里我们简要回忆一下经验论与理性论这一对立中的关键点。**经验论**的基本主张是说：我们的一切知识均是感性知识，它们不但始于感觉，而且完全停留于感性领域。我们的反思、思考及概念之一切对象，唯有牵涉到感性材料才有意义；超乎这一范围之外，就没有意义。因此，顺理成章，理性并非一种能由自己产生理念与概念的独立能力，而只是一种被动的受纳性能力，它所拥有的唯一内容是那些起源于感性知觉、起源于感觉世界，且由此被提供给它的表象及概念。既然理性只能以这种方式被理解，则它只能将现成的表象加工，亦即使它们相互发生关系并确定同异；除了这项机能之外，它不具有其他机能。

而在另一方面，同样就理想型范来说，**理性论**主张：我们的一切知识均是理性知识；因为就连我们认为是感性经验的知识也只是一种被削弱的理性知识，它无法直接作为理性知识而被认识。因此，感性只是一种低度的理性能力。故当我们真的认识到现实时，感性并非施与的原则，亦非知识的根源，而是隐入其中的理性，我们可以借助哲学反思去认识并凸显之。因此，对于"何谓真实的知识"这个问题，有两种相对的哲学立场可供选择：经验论和理性论；前者仅仅信赖感性，而后者亦仅仅视理性为人类知识的根源和基础。

康德曾数度着手处理这个难局。最后，《纯粹理性批判》对这个问题提出批判性的解答。该书所代表的哲学观点系落于这两种可选择的立场之间，而对这两者抱持一种双重的态度。这一态度就是：一方面批判错误的要求，另一方面调停在这些立场中所包含的真理。康德的著作试图显示："一切知识不仅起源于感觉，而且原则上只是感性的"这个主张是错误的，亦是矛盾的。"某物仅在感觉中有其位置"这个命题毕竟无法借助感觉被认识，而是证实为我们对于我们称为"认知"（erkennen）者的理性处置之一项产物，故其本身是一个理性底知识。因此，赞成严格的经验论的人并不了解：经验论本身并非经验的理论；但若经验论是对的，它就必须是一个经验的理论。尽管这项判定本身已具有说服力以驳斥经验论，但康德的批判并未止步于此。它其实包含一个对经验知识之结构的正面分析——如果没有先天的知性概念，这种经验知识是不可能的。反之，想为严格而排他的理性论辩护的人，在他这方面则忽略了我们作为知识根源的感觉之独立性。康德对莱布尼茨哲学的批判泰半是为了显示：感性必须被理解为一种独立的能力，而不可仅仅被看成是一种"被贬抑的"理性。但若感性是一种独立的能力，我们也就只能如此去调停经验论和理性论，即证明理性对于感觉所提供的材料之决定与加工而言，是不能舍弃的。没有感性素材，就如同没有先天的知性概念一样，我们都不会有经验。我们以感性方式认识的事物始终不只是感觉、感性素材或洛克所说的"感觉"（sensation）。《纯粹理性批判》提醒并证明：感性而无知性，必然是盲目的；知性而无感性，必然是空洞的。理性能力和感性能力二者各以其道，对于我们的知识之可能性而言，均是不能舍弃的。《纯粹理性批判》的核心问题及康德在这部著作中所取得的成就，均在于这种**对感性与理性的调停**，以及对它们在我们的知识底系统结构中的关联之证明上。

康德唯有追溯到吴尔夫的折中主义背后并尝试对这一最初似乎是无法弥缝的选择追根究底，他才有可能取得这项成就。借此，他才得以成功地调停理性和感性。但是，这种调停——如同后来在《纯粹理性批判》中详述而陈示者——不单是消融了狭义的哲学立场；康德的著作其实有远胜于此的结果。譬如，哲学反思和经验研究以新的方式被决定，而且均作为人类之独立的认知可能性而被证立。由此显示：我们的知识一方面不单由逻辑构成，另一方面也不单由经验构成。事实上，纵使在某种限度之内，对于经验世界仍存在一种可以确切决定的知识，亦即，对于自然存在一种真正哲学性的知识。

但是，对经验论与理性论的调停，并非康德哲学唯一有意义的历史成就。下面我们再度回到当时的哲学情境。在这一情境中，康德还要面对另一个哲学难题。

理性论和经验论均靠一个共同的预设来支持，即事物的本来面目根本被看成是我们的知识（不论这是感性知识，还是知性知识）所能达到的。在这方面，这两种哲学观点均有非批判的亦即**独断的**倾向。对于这两者而言，对人类理性之认知能力与事物之可认知性的信任，乃是一个不成问题的预设。然而，随着经验论的进一步发展，经过洛克和柏克莱而导致对感性知识的质疑，最后归于休谟的怀疑论。休谟的难题就是这个问题：如果我们的知识仅由知觉构成，那么我们如何达到这些知觉之一个系统性的联结，而使现存的世界对我们不致化为只是无关联的素材而已？是故，他探讨一些重要的表象——我们始终借助这些表象去联结我们的知觉并将其安排成一个统一的世界。既然因果性（Kausalität）与实体（Substanz）之表象尤其属于这种表象，故休谟的分析尤其针对这两者。我们借助因果性与实体之表象，以把我们的知觉安排成为一个经验世界，并以这种方式得到经验底判断；这些表象实际上是否是客观有效的呢？休谟依据自己的分析提出一项主张：因果性和实体既非经验概念，亦非理性概念，而是依靠想象和习惯。这项主张包含以下结论：这样一来，甚至一个有效的自然知识之可能性，进而连自然科学之可能性，在原则上都发生问题。不但我们对上帝和心灵无法有所认识，我们也无法实际地——亦即，客观地——把握我们所生活的自然世界。留给我们的是一种或多或少可以辩护的意见和信念。

因此，休谟的构想结果便是一种哲学的**怀疑论**，面对**独断论**及其对于事物底可认知性的预设，这种怀疑论可谓一种对立的立场。康德自己说过：休谟把他从独断的瞌睡中唤醒[1]。因此，他发觉自己面对一项任务，重新彻底考虑事物之可认知性这一问题。独断论能否在哲学上得到证成？还是最后留给我们的只是休谟式的怀疑

---

[1]【译者注】见 Prolegomena zu einer jeden künftigen Metaphysik, die als Wissenschaft wird auftreten können, *Kants Gesammelte Schriften*, Bd. IV, S.260。

论？至少就我们的经验世界而论，是否有一种客观的知识？如果有的话，它如何能够成立？不仅形上学之可能性，而且更为基本的，连一般而言的真实知识之可能性，甚至我们的经验知识及自然科学之可能性，都系于如何解答这些由独断论和怀疑论底抉择所凸显的问题。

康德对此问题的解答，包含在他关于我们的知性底基本概念之学说中，也就是其范畴学说中；在此学说中，他证明了这些起源于知性的概念（尤其是因果性和实体概念）的客观效力。由于在独断论与怀疑论这一对立中，事实上不可能有一种调解，这使康德拒绝这两种抉择，并进而采取第三种哲学立场，即先验**批判论**（transzendentaler *kritizismus*）。

如果我们在18世纪哲学问题的背景中来看《纯粹理性批判》，那么它显然是对四种在近代哲学进程中形成的基本哲学立场的化解。**批判的观点**同时是独断论与怀疑论之外的第三条路径，以及对理性论和经验论之合理要求的调停。在这个观点中，近代思想史上的各种提问交织成哲学思考中一种新的统一，即**先验哲学**。这样看来，《纯粹理性批判》就其时代的哲学情势而言，乃是一项原创的、独立的成就，是哲学的一个新构想；它一方面调停已无希望的基本抉择，另一方面又超越它们。由于这项成就，《纯粹理性批判》开创了新纪元，并成为近代哲学中至今仍有实际意义的基本典籍。

这部典籍的成果乃是重新判定哲学与自然科学间、逻辑、形上学与经验间的关系。纯粹理性之批判被理解且建立成一个无偏无党的法庭，它对"形上学是否可能且如何可能"这一问题加以判定。这一判定由于理性之自我反思而成为可能；在这个过程中，正是这种理性作为不同机能之一个有机的整体，作为一个能力之骨架，并作为一个原则之系统而出现。故《纯粹理性批判》是一部在其时代有实际意义的著作，它事实上解决了当时哲学的基本矛盾。这是因为它是理性能力之分析，在一个批判的自我反思过程中确定人类知识的先天结构，并同时决定这种知识的根源、范围与界限。

二、
先验哲学的理念与任务：
《纯粹理性批判》第一、二版的
前言与导论[1]

2.1 第一版前言

第一版前言在 1787 年第二版中已不再有；在第一版前言里，康德依据内容的与形式的观点，来概述其著作的意义。

---

[1] 原则上我根据第二版引用《纯粹理性批判》，如（B 54）。含有A的引证，如（A VII），则涉及仅出现在第一版中的文字。

他从双重角度来决定内容：一方面从历史的角度，另一方面从系统的角度。在此，历史的阐释牵涉到一般而言的人类理性的普遍情境。因此，康德在人类理性底普遍问题这一背景中，依形上学底历史及其现状这一参考架构，来确定纯粹理性底批判所处的位置。至于系统方面，康德将纯粹理性之批判描述成一个法庭，它能判定人类理性的争议问题，特别是这个问题：一般而言的形上学是否可能？

在形式方面，他讨论其阐述底周详性、确切性与明晰性问题。康德强调：他的著作在原则之确定上是完整的，其陈述具有必然性知识的性质，其阐释具有辩解的（diskursive）——亦即，概念的——明晰性。在此脉络中，康德也谈到批判性研究与未来可能的形上学之间的关系。因此，他最后直接请求读者在评断这部著作时无偏无党，并协助他完成尚待完成的形上学系统。

第一版前言以一段论人类理性的名言开头："人类理性在其知识的一个种类中有此特殊命运：它为它所无法拒绝的问题所困扰；因为这些问题是由于理性自身的本性而被提交于理性，但理性亦无法回答它们；因为它们超越人类理性的一切能力。"（A VII）康德借此刻画出一般而言的哲学之普遍的与决定性的情势。哲学是一个尝试，要就整个宇宙及人类的现实提供讯息，要提出问题并回答它们，这些问题不只与我们的日常世界中最切身的事物有关，更与一般而言的宇宙及整个人类存在的意义有关。依康德之见，人类理性在其知识的这个种类中，出于本性必然会提出它无法拒绝但也无法回答的问题。有限理性的命运即是：它自然地陷入矛盾，并因此而无法回答它始终关切的问题。康德继续说道：关于这些问题及答案的争论已是众所周知，我们加诸这种争论的名称也是由来已久。这一切无休止的争论所发生的"战场"称为**形上学**。由此说明了一般情势，而康德则在此情势中确定纯粹理性底批判的位置。现在康德在此一般情势的范围内决定形上学在他自身时代中的具体情况。形上学由独断论与怀疑论之间的争论显出其特性；即便其间有约翰·洛克的努力（参看 A IX），形上学仍无法摆脱此种争论。由于这些问题无法解决，哲学遂陷于一种无所谓的冷漠状态。但康德正是从这种冷漠状态中发现一种积极的意义；因为这种状态显示出：现在正是时候，可以进展到自我认识，并将这种自我认识当作人类理性之理论来进行。康德将纯粹理性底批判这一事业，依据这些原则的与历史的前提，判定为一个法庭之诉讼程序；面对这种无所谓的态度及在怀疑论与独断论之间的左右摇摆，我们有必要任命这个法庭。唯有这样一个法庭才能不藉命令，而藉对理性法则的反思，来决定待处理的问题与难题。**纯粹理性之批判作为法庭**，这意谓一般而言的理性能力之批判，更精确地说，就是"对其根源、范围和界限的决定"（A XII）[1]，亦即一种关于理性的批判理论——尤其就无待于经验的知识而言。因此，这一批判有责任去决定一般而言的形上学之可能或不可能。

由于此批判的任务在此得以确定，康德认为他自己的成就在于完整地勾勒出理性能力的原则，并在此准确地找到一个要点——在此要点上，理性至今仍误解自己，并因之陷入上述无休止的争论，或者无法摆脱这些争论。正因这项成就，此批判完全满足哲学的基本义务：消除由理性之这种自我误解而生的幻觉。

康德说明：他在这部著作中不仅力求**原则之完整性**，

---

[1]【译者注】此段引文与原文不合。在原书的这段文字中，康德谈到的是"一般而言的形上学"，而非"一般而言的理性能力"。作者在此擅自把"derselben"这个属格代名词改为"desselben"以符合其文脉。译者向作者指出此点后，作者承认此处须作修改。

而且力求尽可能地达到**阐述之周详性**。由于这项说明，康德由内容问题引到其著作的形式特性上。由于康德坚持阐述之周详性，他便要解决一切形上学问题，或者至少提供解决这些问题的钥匙。因此，纵使此批判不曾探讨并解决每个细部问题，至少我们要求它提出此项解决的原则。可是，难道《纯粹理性批判》不是提出了一个高得过分的要求吗？

为了防范此类可能的指摘，康德对其他哲学活动提出两点批判性的说明。首先，他说明：他在《纯粹理性批判》中所要求的，较诸譬如理性心理学要少得多；他那个时代的理性心理学误以为能证明诸如人类心灵之单纯本性。其次，他说明：他的要求较诸理性宇宙论在对于"世界必然有一个起始"的臆想性证明中所要求者要少得多。面对理性形上学及其分支学科在证明上的要求，康德建议从我们对理性本身所能确定者开始，即从纯粹思考开始；这种纯粹思考并非在外面，而是始终见诸思考者的行动之中，也就是在我们自己之内。我们再度看到：康德的探讨不能立刻便以事物的本质为题材，而是以认知本身的本性为题材。

关于狭义的阐述形式，康德强调：他的一切探讨均具有确切性与明晰性的特质。**确切性与明晰性**是人类知识的形式判准，哲学作品当然也得根据这些判准去评断。对于他的意见，康德要求一个确切性的程度，这一程度我们用"必然性知识"这个语词来表明。但若问题牵涉到关于纯粹先天知识的必然性知识，那么依照康德的要求来看，我们在此并非拥有仅具有条件的确切性之意见，而是拥有普遍有效的判断。

在此脉络中康德指出：在其《纯粹理性批判》中的一处，读者可能碰到困难，亦即在所谓"纯粹知性概念的推证（Deduktion）"那里。康德将一个主观的推证和一个客观的推证区别开来，并且说明：主观的推证牵涉到对于认知能力、对于纯粹知性本身的讨论，客观的推证则涉及知识的对象及其客观有效性。关于主观的推证部分，康德承认：在这里会产生误解，但亦非必然如此。然而，主要目的及要点在于客观的推证，即在于"知性和理性脱离了一切经验，能够认识什么？认识多少？"这个问题（A XVII），而非在于"'思考能力'本身如何可能？"这个问题。当然，我们要读过关于推证的那一章后，才能更清楚地了解康德在这里谈到的意思。在前言的脉络中有一点很重要，那就是：康德对于主观的推证和客观的推证均要求有确切性，并期望读者相信它们。但因有些可能的困难产生于主观的推证问题，而这些困难则无关乎客观的推证，因此，纵使主观的推证未产生所期待的说服力，客观的推证仍不致受到非难，甚至还更加凸显出它的分量。

关于《纯粹理性批判》的明晰性，康德说明：对他而言，重要的是辩解的明晰性，即在明确地被判定的概念中的明晰性，而不是直观的或感性的明晰性（这种明晰性可由例子或其他讨论具体提供）。康德在《纯粹理性批判》中并未使用例子，这并非由于此书篇幅庞大，而是因为他认为：若非如此，我们将难以通览原则底系统之复杂结构。

最后几段系针对读者而发。康德认为：读者本身至少能以某种方式参与这里的工作，这对读者必然有一种特别的吸引力。当然，他应当参与的并非批判这项工作，因为批判是在阐述形上学底可能性之根源和条件，而这项工作已然结束。然而，哲学的工作并未随着批判而终止。我们必须做的，而且康德呼吁读者去做的，是完成形上学本身。依康德之见，形上学应当阐明"我们一切由**纯粹**理性而来、经系统地安排的所有物之清单"（A

XX）。现在他自己正在从事一个不久后便提出的自然底形上学。这套自然底形上学不像本批判那么详细，但将有一个更为丰富得多的内容，因为他在自然底形上学中所要阐明的概念不单单是原则底概念。对于本批判，他希望读者发挥法官的功能，有耐心而无成见。但就我们的一切先天概念之必须完成的清单而言，亦即就必须完成的形上学而言，他希望读者充当助手。

2.2 第一版导论

第一版导论分为两节，即"先验哲学之理念"和"先验哲学之区分"。在前言中，康德并未在概念上谈及"先验哲学"；在那里，他只是把他的著作说成是一种批判的工作。而在导论中，康德在"先验哲学"标题下，依主题和程序更精确地决定他的著作。康德一开始就提示道：我们的知性在宇宙知识中的第一个产物称作**经验**（*Erfahrung*），但是这种经验在其个别的判断中无法提供绝对普遍且必然有效的知识。因为单由经验我们决无法推论出：以后的经验将合乎现有的经验而发生。毕竟我们有可能经验到某物，而我们无法使之与迄今所经验到的事物相协调，以致到那时候，我们可能对未来所作的外推法（Extrapolationen）受到质疑。因此，要求普遍性和必然性的知识必然不依赖于经验；它们必须"本身就是明白而确切的"(A 2)、普遍有效的，并且不单是偶然地，而是必然地为真。康德把这类知识称为"先天知识"（Erkenntnisse a priori）；因此，他用这个概念来称呼无待于经验、纯由理性得来的知识。与这些先天知识相对的是作为后天的或经验的知识（aposteriorische oder empirische Erkenntnisse）之经验知识（Erfahrungserkenntnisse）。但现在似乎出现了一种"奇特之事"，即：连那些必然有先天根源的知识也同我们的经验相混合，因为那些知识在原则上无待于任何偶然的认定而被认为是有效的。这一事实使康德推测：这些存在于我们的经验知识中的先天知识，或许只是用来为感觉底表象（Vorstellungen）提供一个网络（参阅 A 2）。

　　康德如何得到这样的推测？他如何为下述主张提出理由：先天知识混入了我们的经验知识中？他的论证如下：如果我们抽去一切属于感觉、源于感性之物，便剩下"某些原始的概念"，亦即必然不依待经验而产生的表象，而这些表象所表示的比单单经验所能教导的更多。如果我们以"原因"和"结果"这两个概念及与此相关的原理"一切发生之事均有一个原因"为例，我们可知：我们事实上不止在经验科学中运用这种原理，甚至在我们日常生活的具体经验中也奉之为准则。但具有决定性的是："一切发生之事均有一个原因"这个原理不再是一个经验律。这是因为，一方面，原因这一概念无法得自经验，而且无法纯由"发生"这一概念推衍出来；另一方面，这个原理不只涉及一个关于实际事件的陈述，而是涉及一个关于一切可能发生事件的陈述。这就是说：在经验底现实中我们始终在运用这类定律，而它们则要求普遍有效性与必然性；但若在我们的经验中并非始终都有先天知识存在，这种普遍有效性与必然性也就无法被建立。因此，我们事实上拥有先天知识，而这些先天知识为我们的经验知识取得网络。康德补充道：除此之外，我们甚至运用一些判断，它们超越一切可能经验的领域（参阅A 3）。他的这一提示系针对形上学的陈述，这些陈述涉及诸如宇宙的原因、宇宙之整体或人类。这类陈述——譬如："宇宙有一个原因"——完全脱离经验的领域，这个领域系由感觉的邻近区域来决定，并藉由这些感觉素材的加工而构成。它们牵涉到一种全体性，而这种全体性无法作为可能经验的对象。在这种陈述中，混入经验中的先天知识（在此指因果律）牵涉到一种实在性，此实在性在原则上超越可能经验的领域，以致经验无法提供一个主导线索，也无法提供修正知识的可能性。是故，对这种陈述的探索是不可或缺的，而且对于康德而言，这是其批判工作中最重要的领域。

在这些讨论之后，康德接着提到：对先天知识之可能性加以检查这项冒险工作，从根本上说只能看作当然之事，看作"自然的"（natürlich）。然而，这一看法并未在哲学史中得到支持（参阅A 4）。在哲学史中被视为"自然的"毋宁是：事前对那些先天知识不加考察，立刻逾越经验的领域，此后甚至不虞为经验所反驳。康德认为：这样逾越经验世界之所以没有危险，乃是由于我们在哲学中主要以数学的认知方式为依据。事实上，从柏拉图到笛卡儿、斯宾诺莎和莱布尼茨的理性论曾维持一个典范，此典范使数学成为哲学的"前院"。此典范要求哲学与数学挂钩，因为数学之可靠性被看作一般而言的思辨知识底可能性之一项证明。然而，依康德之见，数学的这种可靠性只是一种臆想的可靠性，因为在此有一点被忽略，即：数学知识当作先天知识来看，并不纯然为理性的、概念的，而是归因于一种建构，亦即概念与直观的一种结合，因此它们包含非概念的要素。如果因对数学知识的这种性质缺乏了解而无缘追问一般而言的思辨知识之可能性，这将助长人类理性的一种倾向，即：首先在概念中建造其系统，然后才追问这个系统的基础。由于人们把这种概念性的基础视为知识**扩展**一个可靠的立足点，这一倾向乃受到保障；因为理性始终也关乎——或许主要关乎——对既有概念的解析。而今对于不知"一个概念藉由定义所表示的一切是什么"的人而言，概念解析这种逻辑的、分析的工作的确是一种知识的扩展。此外，由分析程序所得到的先天知识可以再度结合起来；然后它们导出许多原始的论断，这些论断经常被看作在内容上有所扩展的知识。反之，康德现在说明：这种论断并不提供有新内容的知识，因为逻辑的、分析的程序并非在内容上，而只是在纯形式上表示一种知识的扩展。因此，这种程序只能被理解成一种铺展和解析的工作，亦即对既定的概念内容加以**阐明**的工作，而不能被理解成一种超出既有概念而在内容上**扩展**我们的知识的程序。

因此，为了使理性不致妄作上述那种论断，或者为数学知识的外表所惑而假造论断，依康德之见，我们必须探讨：当时的论断系以何种类型的概念关系——亦即判断——为根据？是故，我们首先必须探讨：我们一般运用何种类型的判断？在讨论其先验哲学理念的一个重要步骤中，康德首先区别两种类型的判断：**分析判断**与**综合判断**（参阅 A 7）。这两者即是对一切判断的完全区分。它们之间的不同是由于在它们之中概念相互结合的方式有异。分析判断联结两个概念，这两个概念"以隐晦的方式"相互包含；康德称之为"藉由〔概念底〕同一性的联结"。反之，综合判断所结合的概念彼此相外，以致一个概念对另一个概念有所扩展；所以在此有一种"无〔概念底〕同一性的联结"。因此，分析判断又称"阐释判断"，综合判断又称"扩展判断"。康德以"一切物体均是扩延的"这个判断为例，来讨论分析判断或阐释判断这一类型，而以"一切物体均是重的"这个判断为例，来讨论综合判断或扩展判断这一类型。

如果我们分析"物体"底概念，我们就会得到一个形状、一个图形、一个充塞空间之物的表象，而依最普遍的概念而言，即是扩延底表象。谁要是已了解物体底概念，就知道："一切物体均是扩延的"是一个正确而有效的判断。因此，如果"是扩延的"这个谓词对物体这一概念并未附加新的东西，那么物体和扩延之结合便是一个先天的联结。这个程序适用于一切概念，不论它们有后天的根源还是先天的根源。反之，"重"这一概念并非"物体"这一概念的特征概念。在"物体"这个语词中并未意含：物体必须被视为重的。如今是什么使我们对于一个物体的表象可能有此扩展呢？答案是：**经验**。因为作为物体而为我们所知觉的一切事物，除了由纯然的扩延，还由其他东西来决定。它们系由以下方式来决定：它们产生阻力，它们坚定不移、多少是不可穿透的或是重的，等等。使这种扩展成立的是经验。换言之，这个结合物体和重量的要素是一种对于我们的宇宙底对象的广泛经验。藉由这种经验，纯然由解析得来的要素——一个物体的形状和扩延——能够为超出它们之外的特征（如不可穿透性和重量）所补充。因此，当分析判断分解并阐释既有的概念——不论其根源何在——时，综合判断却要求我们超出判断底主词之概念（在此情况下系指"物体"）。综合判断提示一个中介的要素，这个要素使联结（**综合**）成为可能，因而谓词（在此情况下系指"是重的")能与判断之主词相结合。在这种判断中,知性依赖经验,以便能够使概念相结合。经验即是X,它在这些经验的、综合的判断中(或者换言之,在后天综合判断中)建构综合;并且我们可以说:在此,X是对于我们下判断的对象充分完整的经验(参阅A8)。

但若对康德而言,问题在于证明综合判断(这种判断既然具有普遍性与必然性的性质,则应当无待于经验),亦即在于证明我们一直在使用——如我们已看到的——的判断,那么我们必须追问:既然经验无法提供这个X,这些判断之综合又何所依据呢?在先天综合判断中并没有经验之结合工具;然则,这种判断究竟是可能的吗?如果可能,在此知性所依赖的X又是什么呢?现在康德明确举出上述命题"一切发生之事均有一个原因",作为先天综合判断的例子(参阅A9):这个判断是综合的,因为在主词概念"发生之事"中并不包含原因这一概念。纵使无原因这一概念,"发生"也能被设想。这个判断是先天的,因为原因这一概念并非由经验得来的概念,而是一个纯粹的知性概念。我们如何达到"发生之事"与"有一个原因"之综合呢?这个综合并非经验的且同时建立必然性和普遍有效性,一如置于前面的决定词（Operator）"一切"所显示者。因之，我们如何能把"原因"这一概念应用于"发生"这一概念上，并且达到判断的普遍有效性和必然性（这两者并非经验所能提供）呢？

康德在其初步说明中最初并未判定："一切发生之事均有一个原因"究竟是个真实的判断？还是必须被视为根本虚假的判断？但当康德指出：我们在经验世界中也使用此类原理并始终接受它们时，依他之见，就在对这种先天综合判断的完全接受中存在着一种对哲学的重大挑战。再者，所有上述那种命题均是传统形上学所依据的命题。而这也就是说：我们的整个思辨的认知意图正是以此种综合的先天命题为目标。因此，如果我们想澄清"形上学是否可能？如何可能？"这个问题，就得追问那个有综合作用的 X，是它容许我们合理地形成先天综合判断。

所以，康德在这项说明中将**先验哲学**的首要**任务**规定为阐明概念之综合所依据者，这些概念本身并非分析地彼此相属，而是只能在一个综合判断中相互联结。他更将此称为"某种秘密"，而为我们必须发现者。这牵涉到这种判断底可能性之根据，牵涉到它们的条件，以及这些知识在一个系统中的完全决定。

由此产生"一门特殊学问之理念"（A 10），亦即一种批判的理念，此批判并非对书籍和系统的批判，而是对理性能力（纯粹理性）的批判，并且应当对无待于经验的纯粹知识之可能性加以评断。这门学问仍不是纯粹理性之工具（Organon），足以建立纯粹理性知识之系统，而至多是对此一工具的预备，或者——如果这也不成的话——至少是对一项法规（Kanon）、一项规准的预备，借助于这项规准，我们能设计一种纯粹的理性知识之系统（参阅 A 11）。因此，这门学问仍非此系统本身；它仍非一个系统的学说，仍非一种理论，换言之，仍非一门形上学——就它指一切出于理性的纯粹知识之已完成的**系统**而言。毋宁说，它只是此一系统的**预备学**（*Propädeutik*）而已。这个批判首先探讨理性知识底可能性之条件；这也就是说：它研究我们的概念和表象、我们的知识，而这些知识均先天地适用于我们的宇宙和思想之对象，换言之，适用于我们的知识之对象。由于这类知识可被称为**先验的**，所以这种关于可能的先天知识的知识之系统，以及——同时包括——先天有效的概念之系统，能拥有**先验哲学**之名。但在另一方面，纯粹理性之批判仍非一切先验知识之系统，因为这样一来它就得包括**一切**先天分析知识和**一切**先天综合知识。但若康德所提出的纯粹理性之批判主要牵涉到上述先天综合之问题，那么分析的纯粹理性知识就不会详细地、而只是依其原则被阐释——这也就是说，就对于先天综合知识，以及其原则底完整说明二者之中心问题所必要的范围而言。我们可以说：纯粹理性之批判仅依据先天综合之完整阐释而论及分析——也即，就分析对于"先天综合判断如何可能"这个问题之正确而完整的阐述为不可或缺的而言。因此，先验哲学当作一切先天的知识和概念之系统来看，只是一门完整的学问之**理念**；纯粹理性之批判应当为这一理念提供完整的计划，并根据概念依建筑学的方式设计之。故而，这个批判只是纯粹理性底原则之学问，尚未完整而详细地发展成先验哲学本身之一切由此起源的概念和判断底系统。如康德所言，就综合底原则及纯粹理性底"基本概念"而言，这个批判是完整的；就由这些原则解析且推衍出**一切**知识和概念而言，它并非完整的。依照这些划分，这个批判是形上学底系统之前的预备学，而形上学之系统本身则包括先验哲学之系统在内（参阅方法论中论建筑学的一章）。根据其完整的决定，纯粹理性之批判是我们由纯粹理性而来的知识底**原则**之学问；当作这样的学问来看，它是先验哲学底系统之基础。

现在康德在第一版导论的第二节中提出先验哲学的**区分**。这项区分与此批判之区分并无不同，因为这两门学科正如计划与执行一样相互关联。因此，康德在第二版导论中直接谈到此批判之区分，而不再谈到先验哲学之区分，只是为了说明之精确而已。所以，此批判之区分也必须考虑到：先验哲学是一门"单单思辨的纯粹理性之哲学"（A 15）。这是因为道德底基本概念及其原理在结构上牵涉到经验、爱好、情感等，因而不能归属于一门单单思辨的纯粹理性之学问；尽管这些概念和原理并非由于经验而有效，它们仿佛总是与经验之物相牵连。如果我们想到例如定言令式（kategorischer Imperativ）（道德法则）及其与我们的爱好和情感等的本质关联，我们在此便谈不到一种严格意义的纯粹先天知识。

然则，此批判要如何区分呢？首先，就像每一门学问一样，根据一般而言的系统之普遍观点分为成素论和方法论。然后，再根据人类知识的两个根源，成素论分为先验感性论和先验知性论。它们的先后次序是这样决定的：在我们的知识之结构中——亦即，在逻辑上——感性的先天条件（藉由这些条件，对象被提供给我们）先于知性的先天条件（藉由这些条件，这些对象被思考）。因此，此批判在其成素论中包含一个先验感性论和一个先验逻辑；关于它们必要的内部划分，在此当然还未透露。

2.3　第二版前言

第二版前言在篇幅上比第一版前言大得多。在第二版前言中，除了对纯粹理性之批判及其意义作了一个详细许多的判定之外，还对各门学问的历史作了篇幅更大的阐释。这个前言在开头探讨逻辑、数学和物理学这些学问所取得的进步：**逻辑**至迟在亚里士多德时便已步上一门学问的坦途；它已成为一门学问，本身经得起那些当前存在的错误尝试——即：在心理学的、形上学的或人类学的方面扩展其内容的尝试。（若考虑到现代的构想，如形式逻辑的构想，则康德的评断"逻辑已达于成熟状态"是否仍然恰当，在此可不论。的确，对于概念、判断和推理之学说——就我们通常在逻辑中会讨论概念、判断和推理而言——亦即，对于前后一贯的思想之理论，并无太多新的东西可以补充，但是藉由形式化、公理化和计算化，已经开拓了一个包含可能的定理、定律和公理的广大领域。不过，问题是：我们今日所知的形式逻辑是否基本上有另一种非亚里士多德的背景，并且被视为一套合乎特定公理的游戏规则之系统，而非我们的概念形成、判断和推理之形式理论？）接下去康德指出：自古希腊以还，**数学**也得以走上可靠的学问之途；甚且自近世以来，自然科学（特别是**物理学**）由于培根乃至牛顿所造成的方法上的重新定向，也走上了这条可靠的学问之途。

藉由这些初步的评论，康德指出：特别是在数学和物理学中，这条可靠学问之途系由于一种"思考方式的革命"才成为可能；这种革命把这些学问由凭概念和表象"到处摸索"引导到精确的科学知识。在数学中，这种"思考方式的革命"系基于一种新见解：我们的数学知识系藉由直观中的建构而产生。我们藉由建构而置入几何学底构成体或者说数底表征之中者，我们能够得之于这些构成体，当作有效的知识。因此，在数学中这种使进步成为可能的革命乃在于认知观点的倒转。原先我们相信：我们能够单单藉由谛视或藉由概念的分析去把握一个几何学的构成体之合法则性。现在我们知道：这种合法则性系藉由建构而被带入此构成体之中，且因此唯有考虑到这点时才能被理解。物理学中"思考方式的革命"则大异其趣：此处并不牵涉到对知识之先天特质的理解，而是牵涉到因采用实验而在经验程序中造成的一项革新。实验建立在关于自然底可能情状的启发性假设（heuristische Hypothesen）之上。这些构思源于理性；我们向自然提出它们，并就"自然如何回应它们"的经验考察它们。因此，作实验意谓：强迫自然回答我们的问题。藉由将实验引入自然知识，关于自然的经验科学首度成为可能。藉由这种革命，自然科学被建立起来，并被引上在经验知识中进步的可靠途径。

我们一方面理解直观中的建构，作为一切数学知识的基础，另一方面理解启发性构思及其在经验上的考察对于自然知识的必要性。如今在这个前言的第三节（依含义划分）中，这些藉由思考方式的革命新得来的基础——数学与物理学这两门学问底"可靠途径"的基础——与形上学的问题发生关联（参阅B XIV）。康德问道：在*形上学*中是否可能也有一种"思考方式的革命"，能排除在概念与表象中的"摸索",进而建立形上学成为学问?是故,他拟出一项假设,由此开始其思索;这项假设在结构上令人想起哥白尼的假设。康德假定:我们的知识并非依对象而定,而是反过来,对象依我们的知识之结构而定。

在这个假设中,康德根据哥白尼式宇宙观的方式设想一种宇宙观的重新定向。就这一假设而言,并且鉴于康德本人之提到哥白尼,我们在哲学中时常谈到一种"哥白尼式的转向"(Kopernikanische Wende)。康德自己没有使用这个语词,但他谈到一种在上述假设中被构思的革命。因此,我们必须注意这个背景,才能依康德式的意义谈及一种"哥白尼式的转向"。

由如此拟定的假设——并非事物决定我们,而是我们决定事物——可推知:唯当经验依据我们的直观形式和概念(换言之,依据感性和知性的先天要素)而转移时,关于经验对象的先天知识对我们始为可能。但这意谓:我们只能认识现象(Erscheinungen),而非"物自身"(Dinge an sich)。因此,"现象"这一概念系以下列方式去界定:我们能先天地认识的,只是我们在将对象理解为一般而言的对象之前,总是已藉着我们的感性和思想能力置入其中者。所以，上述的假设包含物自身与现象的区别，作为重要的结论。

康德的假设及其意义就说明到此。但我们如何能对它加以考察呢？当然，对这个假设，我们无法提供经验基础，也无法进行一个自然科学意义下的实验。唯有一种**理性底实验**是可能的，在这种实验中我们能就物自身与现象的区别考察其正确性与必然性。如果这项区别一则与我们的知识之可证实的结构性条件相符合，再则它正适于照应那些一方面由于自然科学之可能性，另一方面由于思辨形上学之不可能性而产生的问题，那么它便是正确的。在什么条件下，这项假设适于这项任务呢？唯当藉由该假设所作的区别理性得以与自己相协调时，亦即，当理性自然地牵涉进去的问题能因采纳这项区别而被解决时，它才适于这项任务。

我们对康德的思想再略加探索。根据对认知能力及其原则的分析，康德将形上学分成两部分：一种经验知识的形上学和一种成问题的、超越经验的形上学。他补充道：后一种形上学或许仅在实践方面是可能的，但仍须加以保留，当作形上学的一个问题项目。形上学毕竟建立在理性本身之必然条件上。如康德会在先验辩证论中说明的，形上学底"无条件者"概念是个源于理性本身之推论程序的必然概念。所以，理性和经验分别为形上学底两部分之基础，而无法调和地对立起来。理性底必然概念（无条件者之理念）与经验底一切条件相牴牾。因此，这个概念必须与知性和感性（经验底原则）建立一种关系，此关系消除这种矛盾。正是这点系由于物自身与现象的区别（这对应于思考与认识的区别）而成为可能。因此，理性底实验（当然，这种实验在先验辩证论中才进行）已证实了这个假设。唯有采纳这个假设，理性才会与自己相协调。再者，如果不作这种区别，那么随着"无条件者"底必然思想，就会出现一种永久的矛盾，这种矛盾必然毁灭理性。

这个前言第四节（依含义划分）的主题在于决定"纯粹理性之批判"。康德如今界定这个批判，系考虑到他对于甚至在形上学中也可能的"思考方式的革命"所作的阐述。他说道："如今纯粹思辨理性底批判之工作在于改变形上学以往的程序的那种尝试——这藉由我们依几何学家和自然学家的范例对形上学作一个彻底的革命。本批判是一部关于方法的论著，而非学问本身之系统；但它仍然勾勒出学问的整个轮廓（关于其界限及其整个内在架构)。"(B XXII)因此,《纯粹理性批判》是一部关于一套先天知识底系统之方法的论著,而非学问(形上学)本身之系统。在形上学被设计和完成的方式中,它已在进行那项理性底实验,并已证明:"物自身与现象的区别不可废除"这个假设——换言之,"事物依我们的知性而定"这个假设——是有效的。在《纯粹理性批判》中,这种有效性系藉由分析我们的认知能力底个别成素之特性及其必然关联而得到证明。在内容方面,就涉及理性的内在架构而言,此"批判"已包含形上学的整个**轮廓**;但同时就涉及可能知识的界限而言,它描绘了形上学之方法上的**草图**。它因之建立一门形上学;既然如康德所阐述的,理性在此牵涉到自己而非现实界及其现象的无限繁复性,所以这门形上学能完成系统。

在第五节(依含义划分)中,康德强调藉由此批判而重新建立的形上学之意义。首先,这门新的形上学显示:如果我们要能在理论方面对宇宙有所论述,就不得逾越经验的界限。其次,它使我们不致蹈险,将心灵、自由、无条件者或上帝设想成对象,并恰因此故而错失它们。最后,它有这个用处和价值,即为理性信仰保留一种可能性,并因此而正确地决定人类的实践。

在此前言中，康德就**意志自由**的概念和问题来论述那种好处和价值。因为这种论述以对于先验辩证论——更明确地说，对于涉及自然和自由之关系的宇宙论理念——之更明确的知识为先决条件，所以在此处只能暗示此问题之解答有何特性，以及它的好处何在。为了解决意志自由问题，康德区分**自然王国**和**自由王国**——或者说，作为自然存有者的人和作为人格（Person）的人。如果我们不想将人类的所作所为仅仅理解成有机体的行动，就得依据其看法作此区分。在此，康德的论证严格地落在行为及相互的沟通理解底现象学之领域内。如果我们不假定：在每个他人身上，均不止牵涉到自然底一个对象，我们便根本无法相互沟通——不论是相互倾听，还是相互交谈，抑或相互解决问题。把这个"不止"在一种理论的自然知识之意义下对象化，这意谓仍将人类的人格当作探讨的对象，当作可列入自然决定论的因果关联的一个对象。因此，只要有这种事情，只要人仅被当作对象看待，我们就根本只与自己有关。他人就其为他人而言，已经消失了。然而，如果我们正视沟通底理念，我们就得在研究人时接受康德式的双重观点。这个双重观点意指：人是个自然存有者，但同样是个不能化约为自然的理性存有者。若牵涉到意志底难题，这意谓：如果人之意志是物自身，并且作为物自身而为可能知识之对象，那么自由是不可能的。唯有将我们的先天知识限制于经验，从而限制于现象——亦即，限制于自然——我们才可以在实践中谈到人类意志之自由。如果自由在此方式下是可能的，我们便有理由将人看作与他人沟通的行为者。如果意志之自由是不可能的，我们就得转而将不单单我们自己，而是连其他所有人都只看作自己的行动之对象，因而仅看作自然底对象，或者——由于我们大多将自己当作例外——看作支配底对象。这套批判哲学的用处和意义存在于自由王国和自然王国这一划分中，因为借此，它使人类的实践在其自我了解中成为可理解的，并且能够说明其根据。

如今，就像自由一样，上帝或我们的心灵之本性也无法以理论的方式去认识。我们必然设想它们，但我们却无法依我们的经验知识之方式以它们为对象，并去认识它们。然而，这并不表示：上帝之存在及灵魂之不死因而被否定了。其实康德只是显示：**上帝、宇宙和心灵**是**理性之必然理念**，但我们却无法依我们认识世间事物的方式达到它们。然而，我们是否有理由在这些理念之必然性之外，也谈论上帝和人类心灵之存在呢？我们只能藉由分析自由王国来回答这个问题。事实上，康德在《实践理性批判》中就是以此方式来回答这个问题。这表示：我们只能就我们对于宇宙和自然的详细知识之实践方面，而非理论方面，声称我们对于上帝之存在和灵魂之不死有所认识。唯有关联着自由意志（如果我们将他人和我们自己理解为负责任的行动者，就得假定自由意志），我们才能完全有意义地谈论人类心灵或上帝之可能的存在或不存在。理论理性正好无法认识现实界的**本质**；用康德的术语来说，理论理性对物自身无能为力。但也正是因为我们无法依据现实界本身所特有的系络去认识现实界，所以我们可能设想自由、不死和上帝为现实的，并以实践的态度信仰它们——假如终究存在道德的、实践的理由，能使人类这种道德的、实践的存有者不得不接受此一"理性信仰"。

这种关联乃是此前言中一再被引用的那个名句的背景，此即："因此，我必须扬弃**知识**，以便为**信仰**取得地位。"（B XXX）在这句话中，康德暗示：他必须扬弃错误地理解的理论知识，即从前形上学关于宇宙、心灵、上帝的假知识，以便能够在实践方面清楚地说明知识的结构，并建立一种"理性的"知识，亦即一种合理的实践知识。这样一来，哲学家对于其知识的态度也有所改变：他如今不再是那个仿佛能够看透上帝之核心（viscera dei）——即上帝之内部——的人，而是成为批判的理性之掌理者，成为"保管者"（参阅 B XXXIV）。由此推知：我们必须拒绝一切过高的哲学要求——不论是自以为在超越者底领域有所证明的人之要求，还是自以为在此领域有所驳斥的人之要求。我们既无法在经验知识的严密关联中证明人类心灵之存在及其不死，也无法驳斥它。对于上帝之存在和意志之自由，亦是如此。因此，这个批判也保障了我们谈过的理性信仰，不但可对抗唯物论的反对（依康德之见，唯物论必然否定人类之自由），也可对抗命定论的反对（命定论见到人有如一个纯然的自然物而生灭），还可对抗无神论的反对（无神论误以为能够驳斥上帝之存在）。

藉由将经验知识建立在一个稳固的根基上，纯粹理性之批判也限制怀疑论，并驳斥心理学的或个人主义的观念论——亦即，一种在康德那个时代追随英国哲学家乔治·柏克莱而持有的观点；它否定物质世界的存在，并使一切存有物成为只是个人意识的表象。康德将涉及此问题的一章标名为"对观念论的驳斥"（B 274f.），而纳入此批判的第二版，并且加以说明：在此批判的这一章节中，仿佛只是在内容上，而非在证明过程之原则方面补充新的东西。如果当时有人指摘康德，说他将使一切依靠我们的知觉、依靠我们个人的理性，他便以这节"对观念论的驳斥"来应对这种指摘——在这项驳斥中，他证明：外在世界（外感底世界）正如我们自己一样实在，因为我们只能在经验对象底时空世界之脉络中，理解且认识我们自己为在感性上被触动的理性存有者。

除此之外，此批判也摧毁了作为宇宙观的非批判的**独断论**（不仅依理性论哲学之义，也依经验论之义），但同时建立一门通透的形上学之新类型，而这门形上学如今又只能在程序上独断地进行。因此，康德将作为宇宙观的独断论和独断的方法区别开来。在此脉络中，**独断的方法**意谓：批判形上学之学说本身能藉由概念分析的理性程序、藉由从先天原理而作的推论来开展。如果我们要舍弃这种严格的科学性，进而连同独断论而舍弃独断的程序，则其结果并非哲学，而是——如康德在此处所言——"Philodoxie"：对私见的偏好（参阅XXX-VII）。

在此前言的结尾，康德指出：与此批判的第一版相比，第二版在其定律和论据方面并无变更。然而，在第二版中，他要尽可能排除会产生误解的"困难和隐晦"。当然，在阐述上还有许多事要做——纵然第二版在这方面已有一连串的修正，例如：在先验感性论中关于时间概念、在知性概念的先验推证中、在原理的证明中、在误推中。真正属于内容上的增益只有"对观念论的驳斥"——纵然仅在其中所显示的证明方式上，而非在其原则上。最后，康德感谢批评者和评论者，并表示：从现在起，他不再参与争论，而且他的高龄（六十四岁）亦不容他继续**阐述**纯粹理性底批判的工作，现在他想将对其阐述的修改留给他人去做。

2.4　第二版导论

如同第二版前言与第一版前言的关系一样，1787年版导论相对于1781年版导论，也显出其篇幅大得多，章节划分详细得多。第一版导论只有两节，而现在要讨论的第二版导论则分为七节，并且附有标题。这七节是：

一、论纯粹知识与经验知识的区别（B 1）；

二、我们拥有某些先天知识，而且连通常的知性也不能没有它们（B 3）；

三、哲学需要一门学问，以决定一切先天知识的可能性、原则和范围（B 6）；

四、论分析判断与综合判断的区别（B 10）；

五、在理性之一切理论的学问中，均含有先天综合判断作为原则（B 14）；

六、纯粹理性的一般课题（B 19）；

七、名为"纯粹理性之批判"的一门特殊学问之理念和区分（B 24）。

首先，我们注意到："先验哲学"（Transzendentalphilosophie）这个语词在第二版导论的标题上不再出现，而在第一版导论中它则在两节标题上均被使用。第一版导论先讨论"一、先验哲学之理念"，接着讨论"二、先验哲学之区分"。现在第二版导论在第七节中讨论"名为'纯粹理性之批判'的一门特殊学问之理念和区分"。但我们仍须强调：关于所阐释的理念和此"批判"之区分，两版之间并无差异。

其次，我们看出：实际上，第二版导论仅在第五、六节中与第一版导论不同——纵使第一、二节较之第一版导论的开头几段在写作上略为精确而详尽。

因此，我们转向有新内容的那两节。康德已指出：我们的一切知识始于经验，但并非一切知识均源于经验。这是因为我们拥有先天知识。我们必须对这些先天知识的可能性、原则和范围加以澄清和判定，以使人明白：哲学需要一门特别讨论这个课题的学问。为此，我们首先得知道：在我们的知识库里，到底有哪些在其效力之根据方面根本不同的判断？康德藉由区别分析判断和综合判断来答复这个问题；而在这两版中，除了较小的修订之外，他以同样的文字说明这两种判断。分析判断本身即是先天知识，而我们的经验之综合判断则是后天的。但我们如何能理解那存在于扩展判断（它们同时为先天知识）中的综合呢？为了使这个中心问题更容易解决，我们有必要先答复下面这个问题：到底是否有这种先天综合判断？只有在我们证实了它们的存在之后，我们才能期望也发现其可能性的根据。如今在这一点上，在第二版导论中新加的第五、六节有其位置。第五节显示这种先天综合判断的存在，并证实：在理性之一切理论性学问中，均含有这种判断作为原则。像在**数学**中：尽管数学家依矛盾律而推论，但数学中的判断均是综合的。因为由"我们依矛盾律而推论"并不会归结出：连数学原理也唯有依据矛盾律始为可能。康德以"7+5=12"这个算术命题为例，证实：数学原理是综合的，而且由于其必然性，始终是先天的。这个算术命题系作为必然的知识而有效，并因之而为先天的；但它同时又是综合的，因为在"7""5"和"总和"底概念中并不含有"12"底概念。我们必须在计算之直观的建构中将"7"与"5"联结起来，才能得到"12"。因此，这里有一种综合，而此综合系基于一种直观的建构。依康德之见，在纯粹几何学中，情形也是如此。

在**自然科学**中也有先天综合判断作为原则，其他知识可由之衍生出来。例如，"在宇宙中物质之量恒常不变"这个定律即属此种先天综合原理。这个定律是先天的，因为它必然有效；而且它是综合的，因为无变化的延续（常住性）并不包含在物质（作为一种充塞空间的材质）底概念中。

甚至在**形上学**中，也涉及先天综合判断；在形上学中，我们至少要求有这种知识，因为形上学的工作确实不仅基于概念的分析。而在另一方面，实际上是否能有这种超越一切经验的先天判断，尚待探讨。这并未涉及下面这一事实：形上学事实上以这种先天综合知识为目标。因此，既然在纯粹数学和自然科学这样的理论性学问中确实有先天综合判断，我们就能期望根据这些判断发现先天综合之结构，并在此（先验的）知识之结论中决定如下问题：那些归属于形上学领域的先天综合判断是否可能？如果可能的话，如何可能？在标题为"纯粹理性的一般课题"的第六节中，康德正是阐明这些问题；因此，现在他比在第一版导论中更为精确地说明纯粹理性底批判之课题。现在的课题是：先天综合判断如何可能？

形上学的可能性乃基于此问题的解决。但同时那些含有对象底先天知识的理论性学问的可能性（像纯粹数学和纯粹自然科学的可能性）也包含于此课题的解决中。既然这两门学问事实上均告存在，它们就均是可能的。因此，关于它们的问题只能是：它们**如何**可能？但在形上学中情形则不同，因为我们不能说：形上学事实上存在，并因此是可能的。这是因为迄今并无一门作为学问的形上学。而在另一方面，形上学又实际存在，亦即作为自然禀赋而存在。这是因为人类理性为它所特有的一种需求所驱策，而追问上帝、心灵和宇宙。而且由历史也可知悉：在所有时代均有某种形上学存在，并将继续存在。就此而言，我们在这里也有权问：作为自然禀赋的形上学如何可能？而这也等于问：形上学之永恒问题如何根源于人类理性之本性？

然而，并非提出这个问题就算了结了。由于在探讨这些根源于理性的问题时我们始终——如我们由形上学史中所知的——陷入矛盾，因而我们有必要弄清楚：形上学到底能否当作学问而被完成；简言之：作为学问的形上学是否可能？不论我们将这个问题解决到何种程度，我们总得获得确实性——不论是关于此处所谈到的对象，还是关于我们的理性对这些对象有所认识的能力。

因此，"**先天综合判断如何可能**"这个一般性的问题导出一个内容广泛的纲要，它由必要的且相互支持的细部讨论所组成。这个大纲包含四项要点，可概括为四个单纯的问题：（1）纯粹数学如何可能？（2）纯粹自然科学如何可能？（3）作为自然禀赋的形上学如何可能？（4）作为学问的形上学如何可能？

这即是先验的纲要之说明——此纲要康德已于1783年在《一切能作为学问而出现的未来形上学之序论》中

概略拟出，以便对1781年的《纯粹理性批判》作一种更易理解的阐述。由于提出了这些课题，因纯粹理性底批判而被考虑的理性之学得以尽可能明确地被决定。康德又补充道：这门学问并非巨细靡遗，因为在这门学问中，理性涉及自己，涉及由它自己的本性产生的课题。同时，它之所以并非巨细靡遗，也是因为我们在此无须牵涉到独断形上学过去的尝试。这是因为独断形上学迄今所提供的只是概念上的解析，而这种解析对于先天综合判断之问题毫无裨益。此外，独断形上学由于自陷于矛盾，久已丧失其威望。但尽管这门学问并非巨细靡遗，却必须坚定不移，因为它能预期到内在的困难及外在的反抗——这种反抗系因以完全相反的方式讨论形上学而必然产生的。

在对于纯粹理性底批判之问题的明确说明中，使得第二版导论殊异的新内容尽止于此。最后的第七节对于第一版导论只有无关紧要的修订。这一节系根据系统的观点阐明先验的工作之区分——但如同已经说明过的，是在纯粹理性底批判之标题下。

三、

《纯粹理性批判》的章节划分：此书之系统关联

关于《纯粹理性批判》的结构，我们可以设想不同的**进路**来理解它。**第一条**进路牵涉到《纯粹理性批判》的现有目录。在两个导论中，成素论与方法论的区别已得到说明。我们先撇开方法论不谈。先验成素论包含两部分。第一部分探讨"先验感性论"（B 33ff.），或者说，感性底原则之先验理论——这些原则同时可理解成受纳性（Rezeptivität）原则：对象在被思考之前，首先被给与我们。因此，第二部分包含一套思考底理论，尤其是一套关于既与对象的思考之理论。因此，这部分不称为"逻辑"，而称为"先验逻辑"；这种逻辑在导论中的相关段落里（B 74ff.）与形式的且一般的逻辑划分开来。先验逻辑又在两编中被说明。第一编包含"先验分析论"（B 89ff.），并阐明我们必然赖以思考对象的那些概念之理论。再者，在一个"判断力底先验学说"标题下，此编包含由这些知性概念（范畴）所建立的原理之理论（B 169ff.）。这些原理之系统即是作为一切经验科学底先天基础的那些判断之系统。这些原理组合起来，即构成我们可称作"经验底形上学"的学问。先验逻辑的第二编冠以"先验辩证论"的标题（B 349ff.）。此编根据关于在纯粹理性中产生的先验幻相的一般讨论，包含纯粹理性底概念之理论（B 366ff.），亦即包含那些由理性（作为推论的能力）产生的概念（理念）之理论。在先验辩证论的第二部分中，康德讨论纯粹理性之辩证推理，这种推理系根源于理念之未经反思的应用。依据理性本身所包含的三种不同类型的推论，他批判地审查"纯粹理性之误推"（B 399ff.）、"纯粹理性之背反"（B 432ff.）和"纯粹理性之理想"（B 595ff.）。在辩证论的这些章节中，他指出：借助于理念，我们无法建立关于宇宙底对象的知识。纯粹理性之误推涉及从前被认为可能的理性心理学，亦即涉及源于纯粹理性的心灵学。纯粹理性之背反以各种方式涉及从前被认为可能的理性宇宙论。纯粹理性之理想则涉及从前也被认为可能的理性神学，或者说是源于自然理性的神学。在以传统的特殊形上学（metaphysica specialis）为题材的这三章中，康德说明我们不可能对纯粹理性之理念（它们在其他方面是必然的）作超越一切经验运用之应用。结论就是：这些理念（作为纯粹理性之概念）对我们关于对象的知识并无构造的运用（konstitutiver Gebrauch），而只有一种规制的（regulativer），但有可靠根据的运用，以促进一般而言的科学知识。为了得到更清楚的概观，我们在此用图表呈现《纯粹理性批判》的目录，以及有关的诠释性插注（见下页）。

第二条进路来自《未来形上学之序论》，或者来自康德在第二版导论中在题材方面的新发展。《序论》中所阐明的问题很容易与《纯粹理性批判》的上述主要部分联系起来。在这方面，先验感性论为回答"纯粹数学如何可能"这个问题提供了基础。先验分析论（作为先验逻辑的第一部分）牵涉到"纯粹自然科学如何可能"的问

三、《纯粹理性批判》的章节划分：此书之系统关联

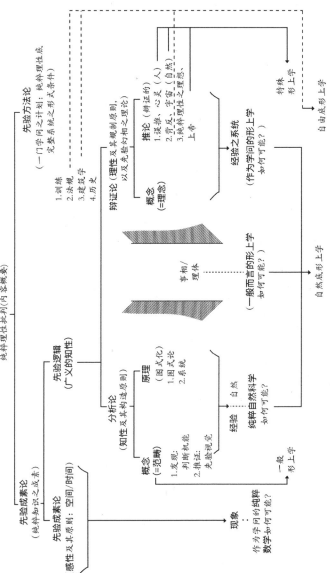

题，结果也牵涉到"作为学问的形上学如何可能"的问题。而康德在《纯粹理性批判》目录中称为"先验辩证论"的部分涉及对下列问题的分析：作为自然禀赋的形上学如何不仅是可能的，而且也是现实的？由此也得出关于作为学问的形上学之可能性的结论。

透过纯粹理性之能力（亦即，我们的有限知识之能力），可得到**第三条**进路，以掌握《纯粹理性批判》的结构。在导论 B XXIV 中[1]，康德已谈到理性为一个独立自存的统一体，其中的每一部分均如在一个有机体中一样，为其他所有部分而存在，全体又为各个部分而存在。因此，就纯粹理性应为知识的基础而论，这种关于其骨架的想法使我们也依照其有如在一个有机组织中相互关联的能力去构思《纯粹理性批判》的结构。是故，先验感性论牵涉到感性的能力及其先天结构；先验分析论牵涉到知性的能力及其先验概念（范畴）；而先验辩证论则探讨狭义的理性之能力，亦即在此能力中所构思的理念及这些理念对我们的知识之意义。

第四条亦即最后的进路，是就论证结构来说明《纯

---

1 【译者注】作者在此处误引出处。"导论 B XXIV"当改成"前言 B XXIII"。

粹理性批判》的结构。如果我们留意《纯粹理性批判》中通用的论证方式，我们会发现九个不同的论证步骤。第一个步骤涉及两种在逻辑上彼此独立的能力之区分，此即直观之受纳性（即感性）和思考之自发性（即知性，或者说是广义的理性）。第二个步骤转而阐释感性之直观形式，即空间和时间；这种阐释首先具有形上学的性质，并且无异是对空间与时间这两个直观形式之先天地位的证明。然后，第三个步骤涉及空间与时间之先验阐释，而这也就等于是证明：空间与时间必须被理解为其他先天综合知识底可能性之原则。接着，第四个步骤的特点在于，追溯由理性之逻辑运用产生的判断机能。此处虽然要求判断表的完整性，但未予证明。藉由这种追溯，康德在第五个论证步骤中便建立起一种可能性，得以依形上学的方式由判断机能推衍出范畴或者所谓的纯粹知性概念。第六个论证步骤包含纯粹知性概念的先验推证，此即证明：这些概念是一般而言的经验底可能性之条件，而且同时可要求对于一切经验的对象知识均有效。第七个论证步骤分析纯粹知性的一切分析原理及综合原理，尤其是分析先天综合原理。这种阐释引导我们推衍出那些来自纯粹知性概念的原理——就这些原理牵涉到感性之先天条件而言。在这个脉络中，也对空间和时间作了最后的先验推证。第八个论证步骤讨论由理性推论之形式得到理性底理念的推证。这个推证必须类比于空间与时间或者范畴之形上推证去理解（尽管康德只是附带说到这点）。因此，我们将可论及理性底理念之形上推证。第九个亦即最后的步骤包含理性底理念之先验推证（再度以类比方式去理解），或者说，证明这些理念的必要性——它们"作为一般而言的经验知识底杂多之系统性统一底规制原则"（B 699）。

如果我们探查《纯粹理性批判》的这一论证结构，我们不难由此与康德在此书目录中所列的章节和标题搭上关系。不论我们依什么观点或进路去看此批判的结构，在每一个观点中，此结构均包含一种**在系统上紧密的关联**——不论这种关联是根据科目（如感性论、逻辑、分析论和辩证论），或者根据"先天综合判断如何可能"这个问题，或者根据数学和纯粹自然科学、作为自然禀赋的形上学和作为学问的形上学这些学问，甚或根据理性的不同能力。最后，如果我们考察上述论证步骤，也会产生一种系统的关联。由这些论证步骤可以看出：康德采用了一种双重的策略来探查理性之诸能力（理性之骨架)。如果我们拥有感性、知性和理性诸能力所提供的可能知识之轮廓,就得追问这些能力的先天要素。但这些先天要素就它们自身而言,必须从两方面去证成:(1)它们是先天地被给与我们,(2)除此之外,它们对于经验知识本身如同对于我们对宇宙全体的知识一样,也具有效力。

四、
感性：作为直观底形式的空间与时间（先验感性论）

先验感性论是先验成素论的第一部分，包含一门关于感性底一切先天原则的学问。为了介绍且证成这第一门学问，康德由对象底知识之概念（他以此概念作为其思考的出发点）扩展出人类知识之两种根本的能力：一方面是受纳性或感性之能力，对象由之而被给与我们；另一方面是自发性或知性之能力，我们藉之而思考对象。以对象为目标的知识首先藉由直观，其次藉由在概念中对直观的加工而与对象发生关系。但若感性和知性是经验知识的基础,则《纯粹理性批判》必须包含一种关于感性及其先天原则的理论,以及一种关于知性及其先天原则的理论。

康德的感性理论揭示了**感性直观**的两种**纯粹形式**,作为我们的知识之原则,即**空间和时间**。此节首先包含空间这个直观形式的原则,其次包含时间这个直观形式的原则。其整节规划如下:对这两个"概念"先作形上的阐释,再作先验的阐释。在这之后,康德由论证推出结论和结果,说明这些结论,再阐释这些发现的意义而名之为"对先验感性论的一般解说"(第二版§8)。他在先验感性论的结尾指出,在《纯粹理性批判》的全部课题中哪个部分因之而得以解决。

我们顺着康德自己所作的划分,首先讨论关于**空间**这个**直观形式**的论证。**形上的阐释**(第二版§2)在四项论证中阐述,在什么限度内这个作为表象而为我们的一切感性知觉底基础的"空间性"原则是(1)一个先天表象,(2)一个必然表象,而且是(3)纯粹直观,并阐述(4)相对于概念的"纯粹直观"意谓什么。

第一项论证如此开头:"空间并非由外在经验得来的经验概念。"(B 38)如果它是一个由外在经验得来的概念，它就得是一个标记，而在概念上决定它所牵涉到的一切对象。但若它是一个标记而决定对象，我们就得假定：有不具空间性的对象存在。因此，空间并非经验概念，而是一个包含一切对象（不管如何去构思它们）的先天表象。

依照第二项论证，这个先天的（亦即，非经验的）表象是一个必然的表象，因为它是我们的一切外在直观之基础。这项论点可由下列事实得到证实，即：即便我们由空间除去对象底一切表象，我们也无法设想没有空间。我们无法想象没有空间存在。

依照第一项论证，"空间"这个先天而必然的表象方式当然不再是一个经验概念，但可能是一个先天概念。如今，第三项论证必须澄清：空间本身是一概念，还是个纯粹直观？这项论点是："空间并非辩解的概念，或者如我们所说，一般而言的事物底关系之普遍概念，而是个纯粹直观。"（B 39）是故，它并非事物底概念，因为它并不像概念一样，将表征事物的其他概念包含于其下，而是将它所涉及者包含于其内。假如我们要区别不同的空间并将它们解释为概念，那么我们得将归属于这些空间之物（或者说，在这些空间中所遇见之物）设想成从属于空间这个普遍表象。但如今事物无法涵摄于"空间"表象之下,仿佛有不同种类的空间;而是事物**在**空间**之内**,而我们能思考或设想的诸多空间并非彼此分开,而是在一个无所不包的空间中相互关联。因此,我们所涉及的是一个部分与全体之表象,而非一个概念式的关系——依照这种关系,下位概念包含上位概念于自身之内,而且就其自身而言被包含于上位概念之下。

最后的论证根本是项阐释性论证,关乎前面三项论证所证明的:空间必定是个先天的、必然的且纯粹的直观。这是因为"空间"是个无限的既与的量:它包含无限多的表象于自身之内。反之,如果空间是个概念,那么它只能包含极有限的表象**于**自身**之内**,但或许能包含无限多的表象**于**自身**之下**。但当作一个包含无限事物**于**自身**之内**的表象来看,"空间"必定不是概念性的量。

形上的阐释到此为止。它已显示:空间是感性的一种先天形式。但藉由这项阐释,康德尚未证实:我们的感性之这种先天形式(作为纯粹直观)甚至能够是可能的先天综合知识之原则和根源。因此,现在他得在"空间"概念的一项**先验阐释**(第二版§3)中说明:由空间概念本身衍生出先天而综合的知识。故我们必须能由空间这种直观形式理解到：有其他先天综合知识存在，它们正由于空间才成为可能。康德提到几何学和关于空间关系的陈述，而能就空间方面证明这点。空间这种直观形式不只是先天地被给与，它也是我们自己先天地、而非经验地得到的知识之原则。

康德由空间概念推出的**结论**如下："空间"并非物自身之性质与决定。由此而有详尽的阐释，这些阐释还会在一般解说中再度被考虑。"空间"其实是外感底一切现象之形式。最后，作为直观的"空间"在自身之内包含一切外在地显现于我们的事物。由此我们推出重要的结论：空间底表象对于一切在经验对象之知识中显现者具有客观有效性，对于我们（作为经验到自己存在于空间中的存有者）亦然。凡是完全在感觉中显现者即存在于空间中。然而，对于物自身（它们被设想为无待于一般而言的感性）而言，"空间"这个直观形式却因之而只具有观念性的意义。这即是说：空间是经验地实在的，而且是先验地观念的（参阅 B 44）。藉由空间之先验观念性康德想说：空间底表象对于可能的物自身而言毫无意义，但它同时却是我们一般而言的感性知识的一项必要条件，因而我们无法在经验世界中设想任何对象能在空间之外（亦即，在我们的感性之外）出现。

总而言之，康德底空间论之意义在于藉由形上的与先验的阐释过程证明：第一，空间是个先天的直观形式；第二，关于空间的先天综合判断借助于作为先天直观的空间而为可能，依据这一方式，我们认识到纯粹的空间直观是纯粹几何学底可能性之条件；第三，空间底直观只对于可能经验的对象而言，具有效力。

关于**时间**这个**直观形式**的论证系以与空间之论证同样的方式建立起来。在此也有一个形上的阐释作为先验的阐释之前提。然而，这里我们得注意，在修订过的第二版中有一小小的不齐之处。无论形上的还是先验的阐释，第一版对于两种直观形式均提出五项论证。在第二版中，在"论空间"一节里原先的第三项论证（作为真正的先验论证）被划分出来，因而形上的阐释只包括剩下的四项论证；但在"论时间"一节（B 46ff.）里，第一版中的五项论证均保留在形上阐释的标题下，而康德在先验的阐释中仅诉诸形上阐释的第三项论证（也是先验的论证）。如此一来，在第二版中，两个论证系列的划分便不再具有完全的平行性；这显然是一个因为疏忽而犯的错误。

在此，时间概念的**形上阐释**（第二版§4）也是一开头就证明：时间并非经验的概念，而是个先天的表象。这是因为如果相随或同时的事件之知觉无时间底表象作为先天的基础，我们便完全无法理解"同时"或"相随"。正如空间一样，时间也是个必然的表象；因为我们虽能设想由时间中除去一切现象，却无法取消时间本身。因此，时间系先天必然地被给与。如上所言，在形上阐释的脉络中，第三项论证并无意义。第四项论证又与第三项空间论证相对应；在此也牵涉到以下的问题："时间"这个先天必然的表象是个辩解的概念，还是感性直观的纯粹形式呢？在此，康德也作类似的论证：时间并非辩解的表象，因为它像空间一样，是个单一的表象。它提供一个唯一的广包的对象；而如果有不同的时间，它们只能在整个时间的框架中取得其位置，就像不同的空间在一个空间中有其位置一样。是故，此处所牵涉到的并非概念底决定之辩解的上下位关系，而是个直观的量。因此，最后的论证是：时间就如空间一样，是个无限的既与的量，然而这是就可能的先后关系而言，而非如空间那样，是就一个可能的并存关系而言。

在这些关于时间的形上论证（其结构与空间问题相类似）之后，康德也相应地作"时间"概念的**先验阐释**（第二版§5）。这项阐释牵涉到纯粹数学的建立（此系藉由时间底先天表象而可能），并尤其考虑到纯粹的力学或运动论的特殊形式。如果我们未曾为可能对象之不同决定预设作为一个先后关系底表象的时间，则运动和变化底概念是自相矛盾的。因为变化意谓：某物在一个时刻是A，而在另一个时刻是非A。如果时间并非作为直观形式而仿佛被置放于下，变化底概念就将导致对象之决定中的矛盾，或者它甚至是个不可能的概念。由此可见："时间"这个直观形式延伸到逻辑之中。因为若我们说：X 无法在同一时刻为A 和其矛盾的反面，则我们只能借助于时间底直观表达一个逻辑法则[1]。此外，当我们说：我们得设想此物为**居先者**，然后才能设想彼物，或者说：此物为他物的一项**先决条件**（Voraussetzung）——

---

[1] 【译者注】作者此处以亚里士多德的矛盾律程序说明时间表象对形式逻辑的意义，实有违康德的本意。因为康德在"先验分析论"中将此程序修正为："与一个事物相矛盾的谓词决不属于此事物。"其用意正是要将时间因素排除于逻辑法则之外（参阅 A 151/B 190）。

此时在我们的逻辑的、系统性的思考中，我们使用了时间底表象。这一切使我们注意到：时间在一种比空间更为基本的意义下为一个先天的直观形式，亦即一切一般而言的表象之形式。首先，时间在其内在的协调和一致中建立为了纯粹自然学而使用的概念：变化底概念和运动底概念。它也使算术（以数字计算）成为可能，因为我们只能在时间中计数。它也以某种方式使辩解的思考成为可能，因为不同的表象只能先后被理解且结合起来。空间只对于我们的外在直观有意义，而时间也适用于我们内在的自我直观，适用于"内感"，一如康德之所言。若此内感是一切外在知觉的基础，则时间也适用于空间之表象方式（纵使只是以间接的方式）。这是时间和空间的根本差异：时间是感性之更基本的原则。

与论空间的一节相类似，康德也说明了由时间概念而来的**结论**（§6）："时间并非独立存在之物，亦非依附于事物而为客观的决定。因此，当我们除去其直观之一切主观条件时，它并不留存下来。"（B 49）是故，第一，时间像空间一样，并非属于物自身，在感性之外亦无独立的存在。第二，时间既是我们的感觉底外在现象之形式，也是内感本身（亦即，对我们自己和我们的内在状态的直观）之形式。第三，由于"内感本身是外在知觉底实在化之基础"这项思想之中介，时间包括**一切**现象，而不只是内感现象。所以，时间是一切一般而言的现象的先天形式条件。

在接下去对先验感性论的阐释，尤其是对"时间之客观实在性如何"这个问题的阐释中，康德依照类似于在空间论中的程序去处理，并得出最后结论：时间也像空间一样，有客观的、经验的实在性，同时也有先验的观念性（见上文第69、70页）。

接下去的"解释"（§7）包含关于针对康德而发的反驳之解说——这类反驳至少有以下各项：时间当作我们表象底更迭之条件来看，是现实的，因此必定具有一种绝对的实在性。康德承认其现实性，但否定其绝对实在性。时间底概念正如空间底概念一样，"并非系于对象本身，而仅系于直观这些对象的主体"（B 54）。两者均正好且仅仅具有**经验实在性**。它们属于作为现象的对象，但并非事物之决定——假使事物系独立于我们的感性的直观方式（亦即，就其自身）来看的话。故康德得以总结道：时间和空间当作一切感性直观的纯粹形式来看，是两个知识根源，由此产生各种先天综合知识。它们的应用因此以现象为界限。如果我们逾越此界限，我们必然会陷于荒谬。谁将空间和时间的**绝对实在性**理解为：它们作为绝对的现实物而独立存在，他就得假定两个永恒而无限的乌有之物，它们无待于空间性的与时间性的对象而存在。谁将空间和时间的绝对实在性理解为：它们依附于现实物而为其性质，因此寄寓于其中，他不但无法确立数学的必然确实性，他甚至得否定之。唯有同时肯定空间和时间之先验观念性和经验实在性的学说，才能避免这两种困难。最后，康德说明：空间和时间也是感性仅有的先天要素，因为其他一切属于感性的概念在形成时均已有具体的经验或知觉为其条件。

"对先验感性论的一般解说"在第二版中（§8）增加了第二至四小节。这些解说包含有助于理解先验感性论的提示。**第一小节**先讨论感性对知性的独立性，并批评了莱布尼茨、吴尔夫一系的哲学（这派哲学歪曲了感性底概念）；接着，原先在第一版中当作结尾的一段强调：先验感性论是一种具有确实性之特质的学说。**第二小节**补充证明康德以下的理论：物自身正如心灵的本质一样，无法以感性去认识。**第三小节**则强调：我们不可将现象底概念与幻相底概念相混淆。幻相的产生其实正是由于我们未考虑到现象的特质，而将属于现象之物加诸对象自身。**第四小节**说明关于空间和时间底经验实在性的学说之意义：唯有这种学说能予自然神学的意图以正当理由，此意图即在于使神性的存有者脱离时间和空间，亦即超乎空间和时间的条件去思考上帝。此外，由空间和时间所塑造的直观方式决不可仅限于人类的感性。我们也能设想：一切有限的存有者均为此种直观所支配。然而，我们无法确定这点。

接下去的"先验感性论之结语"为第二版所独有，它将康德所作的阐释与先验哲学的一般课题关联起来。藉由作为纯粹直观形式的空间和时间，我们拥有感性之条件，使我们可能就一切以感性方式被给与我们的对象形成先天综合判断，并为之提供根据。

五、
知性：范畴与原理
（先验分析论）

5.1 先验逻辑的概念与区分

康德在感性理论中阐释并证立了空间和时间这两个先天原则之后，开始讨论知性（Verstand）——作为另一种能力，或者说是纯粹先天知识的一个根源。在这一论知性能力的庞大章节的导论中，他决定前面已经提过的"先验逻辑"概念。同时，在追述前面已说过的理论时，他再次指出：受纳性的能力是感性，而自发性的能力

（藉由它，我们思考所与物，并首度得以将其理解为一个特定的所与物）是知性。如今，在补充感性理论的导论时，康德说明：受纳性（感性）和自发性（知性）是两种不同的、无法互相化约的，但为了知识必然互相关联的机能。它们联合起来——并且唯有它们联合起来——才能使知识成为可能。在这个脉络中出现了那句一再被引用的话："思想而无内容〔直观〕则空，直观而无概念则盲。"（B 75）如果我们将这两种能力理解为两种不同的，但在相互联结中使知识成立的机能，则有两门学问产生：关于感性底规则的学问（康德在此已藉由论感性能力的一章完成这门学问），以及关于一般而言的知性底规则的学问（它归入逻辑底概念）。

为了更确切地决定"先验逻辑"这一概念，康德由"逻辑"概念最一般性的意义出发（即将它当作一门关于一般而言的知性规则的学问）。康德藉由阐明在各种可能的关系中的知性之运用，以特殊的方式来区分这些一般而言的知性规则。**逻辑**一则是指知性的"一般的"运用。再则，它是一种理论，可以拟定且建立一般而言的思考之绝对必然的规则（而不论其特殊的思考内容）。知性底一般运用之逻辑是基本逻辑（Elementarlogik）。

有别于知性的一般运用,康德也知道一种知性底"特殊"运用之逻辑;这种逻辑是这门学问或那门学问的工具(Organon),亦即以特殊的对象性为目标的一门逻辑。康德对这种逻辑无进一步的兴趣。

依康德之见,**知性底一般运用之逻辑**可以区分为一种"应用逻辑"和一种"纯粹逻辑"。**应用的一般逻辑**是一种理论,它包含在主观的经验决定中知性底运用之规则,因此是通常的知性之净化剂(Kathartikon),亦即清洁剂。既然这种应用的一般逻辑依赖于主观条件,则它归入经验心理学的范围,并与知性底运用之纯粹理论无关——尽管没有这种纯粹理论,它本身就无法拟定出来。因为如果我们不知道思考的实际法则为何,我们当根据什么去净化经验的知性呢?对康德而言,问题首先在于**一般的且同时是纯粹的逻辑**,因为只有它能包含先天原则。它是知性和理性的法规(Kanon),也是纯粹知性的成素论——康德说:它是"简短而枯燥的"(参阅B 78)。它之所以简短而枯燥,是因为这种探讨知性之一般运用的一般逻辑,(1)不考虑思考之一切内容,而只分析一般而言的思考之纯粹形式;(2)不像应用的一般逻辑一样,包含经验原则,且因之能够是一种具有先天确实性的已证实的学说。康德在此所理解的一般纯粹逻辑（它同时是**形式的**一般逻辑）可以等同于我们通常所称的形式思考之理论，亦即严格意义的逻辑。当然，康德并非想到一种关于我们的一贯推论底合法则性的形式化理论，而是想到一种依当时通行的语言称作思考术的逻辑。但实际上，重点只在于推论和判断之形式法则，以及精确的概念形成之形式决定。

由逻辑之这些决定和可能性，康德试图引入"先验逻辑"概念。一般的纯粹逻辑探讨纯粹思考，而不考虑思考的任何内容。换言之，它仅探讨思考的形式。现在我们也可构思一种关于纯粹思考的理论，这种纯粹思考不止是形式的（亦即，无关乎内容的）思考，而是关于对象的纯粹思考。依康德之见，讨论这个题材的逻辑是可能的；但因这种逻辑尚未形成，因此先验逻辑这一概念仿佛表示一个假设的概念；首先，**先验逻辑**只是一门关于知性与理性底纯粹知识的学问之**理念**（依据这些纯粹知识，我们能够完全先天地思考对象）。如此构思并且称作"先验逻辑"的一门学问之内容，乃是知性能力和理性能力底法则之根源、范围和客观有效性——只要这些法则不止是无视于对象的形式思考之法则，而是先天地涉及对象（参阅 B 81）。

康德诉诸一般的纯粹逻辑，以阐释先验逻辑要如何区分。如其所述，一般的纯粹逻辑有两部分：第一部分称为**分析论**（*Analytik*），包含对一般而言的知识底逻辑判断之原则的分析（例如，同一律原则或排除矛盾律原则）。这两项法则是真理的消极判准，而其在知识及现有的判断脉络方面的应用是真理的一个"消极的试金石"。一般的纯粹逻辑的第二部分称为**辩证论**（*Dialektik*）。但在此我们要注意：康德提及若干古代哲学家，而依一种批判的意义采用"辩证论"这个概念。特别是诡辩家把仅仅是判断底法规（规准）的一般逻辑当作实质知识的工具来使用，而加之以"辩证论"之名。现在康德将这种被误以为工具的逻辑称为"幻相之逻辑"，称为一种"诡辩术"（B 86）。但既然柏拉图及其弟子亚里士多德已经认识到：这种诡辩术"与哲学的尊严决不相称"，如今我们已将辩证论当作对于因如此误用形式逻辑而产生的那种幻相的批判列入这门学问中，作为其第二部分。因此，"辩证论"当作逻辑的第二部分来看，不再指称实质知识的工具，而是指称对于正因逻辑之这种运用而产生的幻相的批判。

现在康德将分析论与辩证论之间的这种区分也引用于先验逻辑，并套用其上。因此，先验逻辑首先只是一门学问之理念，包含一个**先验分析论**；在这个分析论中，纯粹知性知识的成素，以及我们必须据以思考对象的原则被阐述。就此而论，先验逻辑是一种真理底逻辑。依康德之见，作为第二个科目的**先验辩证论**也像一般纯粹逻辑中的辩证论一样，具有同样的批判性特质。它应当阐明康德所谓"辩证的"幻相之批判；这种幻相系因误用纯粹的知性知识和知性原理而生——只要这些知识和原理在一切经验之外被应用，换言之，假如纯粹的知性知识之法规（它在知性底经验运用之判断中有其合理的应用）也被当作工具，当作知性底普遍而无限制的运用之资具来应用。是故，先验辩证论包含一种对于知性和理性在其逾越经验的运用方面的批判。

因此，先验逻辑被定为一种理论，它包含两个主要部分：(1) 作为"狭义的知性"底概念和原理之理论的先验分析论，(2) 作为由"狭义的理性"（推论的能力）产生的理念及其应用能力之理论的先验辩证论。"先验辩证论"这个标题在此已暗示：幻相系因这些理念而生。但由于这些理念是理性能力的必然概念，这第二编对于一般而言的理性能力之决定也具有一种系统性的意义。

5.2 分析论一：纯粹知性概念：其发现与证成（形上推证与先验推证）

先验分析论剖析先天知识的**成素**。其成素为纯粹的知性知识，更详细地说，即知性概念（范畴）和纯粹知性底**原理**。

首先我们讨论纯粹知性概念。我们应当找出先天概念，它们是知识的原则，同时也具有决定对象的意义。就此而论，这种理论并非一般纯粹逻辑的分析论，而是先验逻辑的先验分析论，而先验逻辑已被定为一般而言的对象底纯粹思考之理论。此种纯粹知性概念（假如有的话）必须满足什么条件呢？第一，它们必须是纯粹的，而非经验的概念，否则它们就不是知识的先天成素和先天原则。第二，它们必须可证明是属于思考、属于知性，而非属于直观。第三，它们必须是原初的或基本的概念；如果它们是组合的（亦即，引申的）概念，我们就得继续追问构成它们的基本概念。第四，它们的编列必须是完整的；这即是说，这些待发现的概念必须在一个系统之整体中相互关联。对康德而言，这是知性概念（作为对象底知识之原则）底发现之判准。

先验分析论的**第一章**论及这些概念的**发现**，它包括它们的形上推证。形上推证意谓：必定有一些概念，我们能证明它们系随着一切知性、随着一切理解和判断而被给与。所以，康德在形上推证中证明：这些概念甚至先于一切经验知识而属于知性本身；这即是说，它们是先天概念。接着，第二章必须包含这些已确定的概念之先验推证。因为纵然这些成素已被证实是我们的知识之先天成素，但我们仍未证成：它们也拥有对象性的意义。这些概念之先验的证成是必要的，以便它们能够要求对于我们的对象知识具有效力。

我们如何发现这些概念呢？康德先一般性地分析知性活动的本质。"理解"（Verstehen）意谓"判断"。判断系藉由概念而发生：判断是概念之结合成一个更高的概念，亦即统一之促成。因此，判断是我们的表象中的统一之机能。概念又是表象，在它之下还包含其他的表象；换言之，藉由表象，与对象物的联系成为可能。现在如果我们寻求知性的统一机能（知性依这些机能而判断），那么它们便是建立判断中的统一（亦即知性活动中的统一）的机能。当我们能够完整地表述各种可能的判断方式时，便找到知性的机能，亦即知性概念。基于这个理由，发现知性概念（知性藉由这些概念将统一性带入其判断中）的**线索**即是康德承自逻辑底传统的判断表。此处牵涉到十二种判断方式，它们在四组判断中被列举出来，每一组均编列三个判断。这一**判断表**及作者所附加的相应的表达方式如下：

1. 判断之量

   全称的（一切 S 是 P）

   特称的（有些 S 是 P）

   单称的（一个 S 是 P）

2. 判断之质

   肯定的（S 是 P）

   否定的（S 不是 P）

   不定的（S 是非 P）

3. 判断之关系

   定言的（S 是 P）

   假言的（若 S 是 P，则 Q 是 R）

选言的（S 或是 P，或是 Q，或是 R，或是……Z）

4.判断之样态

或然的（S 可能是 P）

实然的（S 事实上是 P）

必然的（S 必然是 P）

（S= 主词；P= 谓词）

（参阅 B 95）

每一个判断在内容上均依照量、质、关系而被决定，在认知能力方面则依照样态而被决定。它或为全称的，或为特称的，或为单称的（量之决定）；同时或为肯定的，或为否定的，或为不定的（质之决定）；同时或为定言的，或为假言的，或为选言的（关系之决定）；同时或为或然的，或为实然的，或为必然的（样态之决定）。现在康德藉由一种中介的思想由这一判断表得到范畴表——此即作为对象底思考之普遍原则的那些概念底表。他依下列方式建立这种关联：在我们的判断中，每次均思及表象或概念之一种不同的联结。这种联结同时为一般而言的杂多之联结，而这种杂多是我们在我们的表象中所拥有者。现在，如果我们完全单独地思考上述判断类型中个别的联结方式,我们就仿佛思考这些判断方式中纯粹的"统一底建立",这"统一底建立"将不同的杂多结合成一项知识。而如果我们在一个概念中一般性地设想这种纯粹的综合,我们就得到了所寻求的纯粹知性概念。"赋予**一判断中**的不同表象以统一性的同一机能,也赋予**一直观中**的不同表象之纯然综合以统一性;一般性地来表达,这种机能称为纯粹知性概念。"(B 104f.) 藉由纯粹知性概念,杂多在判断中被相互联系起来。一个判断之统一即是概念中的统一,一个直观底杂多之统一即是判断之这些统一机能本身所决定的统一。因此便产生作为判断之先天要素的范畴,因为知性只有而且正是做到这点:藉由判断建立统一。

如此由判断表建立的**范畴**与上述判断相类似:

范畴

1. 量

　单一性

　多数性

　整体性

2. 质

实在性

虚无性

限制性

3. 关系

依附与自存（实体与附质）

因果性与依待性（原因与结果）

交互性（主动者与被动者间的相互作用）

4. 样态

可能—不可能

存在—不存在

必然—偶然

（B 106）

形上推证的过程可以简述如下：知性的活动是判断。判断始终是统一底建立。因此，知性本身具有统一底建立之一项先天线索。统一底建立之这项先天线索我们可依每次不同的统一机能在概念中把握，并且展示成一个范畴表，此表正好与判断表相对应。因为这些判断机能是统一之先天机能，所以直观底统一这一概念（它们是从这些判断机能追查出来的）是属于知性而非属于感性的先天概念。因此，这些概念并非随意下定的；而且它们是完整的，因为它们诉诸一个判断表，而康德假定此表是完整的。康德并未证明判断表的完整性。纯粹知性概念之形上推证于焉完成：范畴当作赋予判断及直观以统一性的统一机能之概念来理解，它们在知性的活动中有一个先天的根源，而这种活动正是在这十二个不同的判断类型中进行。

第二章探讨下面这一问题：这些概念（即上述经过形上推证的范畴）如何能先天地关系到对象？这是**先验推证**必须澄清的问题。先验推证的课题在于为对象底决定和知识建立这些概念底运用之合法性。主要问题显然在于："思考之主观条件如何……〔能〕有客观有效性？"（B 122）因此，在知性中既存的范畴要如何才能对于一般而言的宇宙对象之知识具有客观有效性？康德在一项**预先阐释**（B 124ff.）中指出那两个已是众所周知的可能性：或者对象使表象可能，或者反过来，表象使对象成立。但若关于现实界的有效而合法则的知识毕竟当是可能的，便只剩下第二条路可走。因此，如果在范畴与对象之间要能有一种先天的关系，那么这些概念本身必须使对象作为可认识的对象而成立。范畴的客观有效性系基于以下事实：唯有藉由它们，一般而言的经验，以及经验底对象始成为可能。换言之，先验推证的课题在于**证明**：正是这点适用于范畴；这即是说，范畴是经验底可能性之先天条件。康德在那依狭义称为"先验推证"的一节中从事这项证明。在两个版本中，相对应的各节有不同的安排，但其所用策略相同。以下阐述涉及**第二版的推证**。

康德证明：范畴是经验底可能性（也包括经验对象底可能性）之先天条件，而且没有其他概念满足这项要求；其证明的各个步骤可以概述如下[1]：为了能真正设想知识，我们必须设想杂多之**结合**。这仿佛是"知识"之最一般性的概念。但杂多之结合无法由感觉给与；因为纵使某物已**在**空间与时间**中**被给与，此一空间和此一时间本身仍需要作一个综合，以便单单在空间中相傍与在时间中相随的所与物之不同表象能被结合成对象之**一个表象**。结合底概念（它包含一个杂多及一项综合）指示一种作为此综合（此联结）之**基础的统一**。依完全的决

---

[1] 特别要说明的是：由于这两个推证的紊乱与困难，我们不得不使先验推证的概述尽量摆脱康德的论证次序，并且将之局限于重要的步骤。

定而言，"结合"是由综合产生的统一之表象，亦即"杂多底综合统一"之表象（参阅B 129ff.）。

这些综合方式之一便是自存/依附或事物/性质这项秩序机能。在我们真正认识具有特定性质的特定事物之前，这项机能已将我们的宇宙带入一种秩序之中。就这项机能也包含于其他关系范畴（原因/结果与相互作用）中而言，它具有主要的意义。康德指出：知性的那些秩序机能（它们经过形上的推证）是我们的经验之基础；这即是说：它们是我们"拥有宇宙"和认识宇宙底可能性之条件。关于"事物和性质"，我们不难了解：来自定言判断（例如"f(x)"或"S 是P"）的感觉素材之这种秩序和联结并非由杂多和所与物本身所产生，而是在我们以经验方式个别地决定并且把握杂多之前，已藉由知性之建立统一仿佛被"加入"杂多之中。所以，"事物和性质"当作知性的统一机能来看，是统一的经验之可能性底条件之一，因此**先于**一切经验且**对于**一切经验有效。因之，由其构造性关联产生先天综合判断，亦即产生对一切在感性中被给与者均具有效力的先天知识。因此，有这种统一机能存在；但它们如何能被证成呢？

若我们追问**统一的根据**（它提供这项结合，亦即这项综合），那么最后只剩下意识的统一，亦即一种纯粹的原始统觉，或者换个方式说，在"我思"（Ich denke）中呈现的不可分割的自我意识的统一。这个"我思"是我们所有人均能执行的，并且伴随（而且必然能够伴随）我们的所有表象（参阅B 131f.）；它同时是自我意识底这种统一之证明和系统上的位置。统一底这个最高根据被称为自我意识的先验统一，因为自我意识是为一般而言的知识建立统一的可能性之条件。**统觉之综合统一**是知性底运用之最高根据和最高原则，它建立判断中的统一与——藉由判断之统一——直观底杂多中的统一。

但是，关于对象的知识如何以此方式成为可能呢？我们仿佛先退返到作为基础的统一，因而现在发生这个问题：我们如何从这种统一再度回到我们现有的知识之统一呢？在这个地方，康德促使我们注意他对于作为感性底原则的空间和时间曾经说过的意见。连这两者都已是统一的机能。凡是作为感觉而被给与我们的事物，均受制于感性底条件（空间与时间），但最后也受制于"我思"底统觉（或统一的自我意识）之先验统一底条件。因此，现在我们必须清楚了解并仔细考虑所与物的这种双重关联。知性的能力是藉由概念建立统一的能力；我们在理解任何所与物时，这种能力均发生作用，因为这所与物只能在自我意识底思考之统一中被构思。在我们真正能理解空间与时间中的特定对象物之前，范畴（统一机能）已经发生作用了。思考之统一机能当作**自我意识**（一切毕竟发生的事物均在其中被统一起来）**底统一**的表现来看，是一般而言的所与物（可对象化之物）底可能性之条件。因此，范畴唯有就呈现空间和时间中的所与物而言，才是所与物（作为可能的对象）底经验之可能性底条件。若无范畴，则在空间和时间中只有纯然的杂多被给与我们。但此杂多的确定性甚至得藉由概念而产生；藉由这些概念，此杂多被思考。这些供知性使用的概念是先天地为知性所特有的概念。因此，这些可证明为先天的概念（而非其他的概念）必然是客观地理解作为经验对象的某个所与物的可能性之条件。先验推证的过程于焉结束。

康德再度依不同的步骤来进行那个完成先验推证的思想。此外他也阐释：自我意识如何呈现于自己？范畴如何仿佛通过自我意识的这种自我呈现而在时间底直观形式中被应用，并且对所有一般而言的表象发生作用？在第二版中他特别探讨：我们如何确定这个"我思"，而不因之对于这个自我（我们即是这个自我）自身有所认知？我们在"我思，我在"中确定"我们自身存在"一事。**作为现象的我们是什么**，系通过内感的限定（在内感中，我们也有关于自己的表象）被给与我们。但是，我们**自身是什么**，却是我们无法认识的。

我们强调：范畴之先验推证由综合底思想通往其根据，即统觉之统一（作为综合的统一），然后由此通往范畴（作为思想形式且作为我们经验底对象之决定形式）。在此思想过程中显示：范畴适用于直观的一切素材；但同时也显示：藉由这些概念，依范畴而安排的现象底结合之法则性得以建立起来。因此，范畴不单是对象之先天决定，同时也制约这些经验对象的合法则性。这并非经验性质的合法则性，而是康德日后在《判断力批判》中称作自然之先验法则性者，也就是经验底合法则性（紧接着范畴的这项先验推证，康德在原理底系统中进一步说明这种合法则性）。

最后，我们可以为**第一个推证和第二个推证的关系**加上一个简短的按语：就整体轮廓而言，第一版的先验推证与此处所介绍的第二版的推证并无显著不同。这两个推证均讨论到综合、统觉之先验统一、直观及其纯粹形式、构想力（Einbildungskraft），以及知性及其纯粹概念。这两个推证的区别仅在于对居于感性和知性之间为其中介的构想力底问题在题材上有所轻重而已，而构想力在1781年版的推证中则居于重要地位。这个推证其实着眼于经验世界之结构中的各种能力，因之仿佛着眼于主观方面的综合工作；而此处所叙述的推证主要着眼于原始统觉之综合统一与特别是这种统觉与经验的自我意识底关系这二者的主要地位。因此，我们可以说：有一种客观方面的综合工作，而依第二个推证的观点，它占有优先地位。

5.3 分析论二：纯粹知性底原理之系统

先验分析论第二卷的标题为"原理底分析论"（B 169ff.）。在确定且证成感性底原则（空间与时间）和知性底纯粹概念（范畴）之后，现在康德有一项任务，即表述并证明那些作为纯粹知性底**原理**而为我们的一切经验知识之基础的先天综合判断。这项任务被康德称为"判断力之先验学说"的工作；这一学说一则指出纯粹概念要能应用于感性（亦即，应用于非概念性之物）所必须符合的条件，再则确定那些由这种应用所产生的判断。既然范畴是纯粹的普遍概念，而单单作为感觉素材的感性之物又是非概念性的，故将范畴应用于感性的所与物就需要一种居于概念性与感性之间为其中介的成素；这种成素与纯粹概念和现象均属同类，并因之而能跨越概念与感性的所与物间的鸿沟。这一中介者并非经验的产物，而是个**先验的产物**。由于它已随着我们的一切知识而被给与，因此它是认知底基础，而为构想力的先验产物：一个"先验的图式（Schema）"。此图式系基于知性的一种运用方式，即借助于构想力使纯粹知性概念成为可感知的，以使普遍概念可关联到感性素材，并且感性表象可为概念所涵摄。一般而言，这牵涉到涵摄（Subsumtion）问题——涵摄是使一个特殊的既与者隶属于一个普遍者，而使经验知识成为可能。此特殊的既与者是感性素材，应当涵摄它的普遍者则是范畴，故此处牵涉到**判断力**（Urteilskraft）的一项问题，因为康德所理解的判断力是将特殊者涵摄于普遍者之下的能力。假使这并非牵涉到经验概念之涵摄，而是牵涉到我们在我们的经验世界中清楚地认识经验知识时必然已作成的判断，则涵摄问题并非经验判断力的问题，而是个先验判断力的问题。所以，康德在此谈到一种"判断力之先验学说"，亦即关于经验世界，乃至我们对于此经验世界底基本特性的判断必然遵循的那些涵摄条件之理论。换言之，**判断力之先验学说**是一种理论，它探讨普遍的范畴对特殊的感性素材之涵摄；并且它是一种学说，因为使此一涵摄可能的条件能够先天地被指出。这些条件并不涉及我们对经验概念的处理；这种处理所需的判断力是我们能够培养与练习的一种才能。反之，如果我们谈到先验判断力，则涉及先天概念的涵摄条件，亦即涉及本身必为先天的条件（假如这些概念的应用是可能的）。因此，"先验判断力"之名指示一种理论，此种理论系针对纯粹知性概念的运用，并凸显出这种运用在何种先天条件下始为可能。这些条件必须居于纯粹知性和感性之间为其中介；因此，依上所言，它们必须拥有一个先验图式的地位。因为先验图式是范畴（作为纯粹由我们的知性产生的概念）与感性素材（它们是经验给与我们的）间的先天环节。

由此产生的第一个问题是：此一先验图式如何能被发现？换言之，一个同时像范畴一样普遍，并且像感性素材一样感性的中介物如何能被发现？关于**纯粹知性之图式论**的一节面对此问题：哪些特殊图式能使范畴成为可感知的？在这一节中，康德证明：作为内感底直观形式的时间即是所有一般而言的表象底联结之条件，因而为范畴底这种先验图式；并说明：时间如何是这种先验图式（参阅 B 176ff.）。康德指出：量范畴之图式是被计数的时间或数，换言之，即"时间之系列"；质范畴之图式是被感觉到的"时间之内容"，即被内容充塞的时间；关系范畴之图式是就延续、时间继起和同时性而言的"时间之秩序"；样态范畴之图式则是"时间之总合"。藉由"时间之总合"我们能够理解：时间每次如何将现象之存在包含于自身之内。如果我们将一个现象之存在理解成：它随时在时间中，则由它产生可能性之范畴；如果它在一个特定的时间中，则产生现实性或存在之范畴；如果它在所有的时间中，则产生必然性之范畴（参阅 B 183ff.）。纯粹知性概念的这些图式（而且唯有它们）使范畴对于对象取得一种关系，并进而使范畴取得现实的意义。因此，图式具有双重的机能。这双重的机能在于：一方面，图式使范畴实现，因而范畴对于一般而言的知识具有先天的意义；另一方面，由于图式将范畴局限于经验,因而它们限制范畴的运用。由此推知:若无图式,范畴只是知性对概念、对纯然思考的机能,而无法呈现对象,并因之而不具有**知识**底意义。唯有已图式化的范畴才具有知识底意义。

原理底分析论的第二章探讨"纯粹知性底一切原理之系统"(B 187ff.)。在这一章中,康德提出纯粹知性的先天综合原理,这些原理系因范畴之应用于上述时间图式而产生。为了完整起见,他将分析判断的最高原理也加入这些原理之中。因为**一切**原理之系统涵盖分析和综合,亦即逻辑的分析判断和先天的综合判断。

一切分析判断的最高原理在于"排除矛盾律"。康德将这一定律表述为:"与一个事物相矛盾的谓词决不属于此事物。"它是命题真实性的一项充分判准(只要这些命题仅仅牵涉到分析判断)。因此,康德说:矛盾律能"被视为一切分析知识之普遍而完全充分的原则"(B 191)。但它并非我们的经验的且后天综合的、甚或先天综合的知识之一项充分判准。其理由在于:综合知识涉及扩展判断,而非概念分析。换言之,与分析判断相反,综合知识在其真实性方面无法**完全**藉由排除矛盾律去判断,因为在综合知识中,概念之间并非以一个概念为另一个概念所包含这种方式相互关联。因此，矛盾律固然是综合判断底真实性之一项判准，但它只是作为一项消极而必要的判准，而非作为一项充分的判准；因为自相矛盾的判断必非真实的。但对于分析判断而言，这表示：如果它不自相矛盾，则它必定是真实的。反之，如果依照这项原理，一项综合判断本身不含矛盾，则其真实性仍未因此得到证实：它可能是真实的，但也可能是虚假的。因此，若藉由一切分析判断的最高原理去检查综合判断，我们无法确知其真实性。对于其真实性而言，矛盾律只是一项消极的判准。

第二步，康德阐释**一切综合判断的最高原理**。此项原理与可能经验底概念有关。康德说："因此，一切综合判断的最高原则为：每一个对象均受制于在一种可能经验中的直观底杂多之综合统一底必然条件。"（B 197）换言之，凡从属于一种可能经验之条件者，亦从属于一种可能经验底对象之条件，且因之而先天地适用于一切对象。现在我们能够根据这项最高原理，以类似于分析判断底原则的方式去检查综合判断的真实性。另一方面，我们则能根据这项最高原理，有系统地阐述经验底可能性之全部原则。由此我们得到了基本真理，亦即适用于一切经验知识的有效的先天综合判断。事实上，阐述先天综合原理或纯粹知性的原理，无异于解释一般而言的经验底可能性之条件。现在康德分别地进行这种解释：他按照范畴的类别（以此为一般而言的普遍的思考线索）铺展、阐述并证明经验底可能性之个别条件。他依照范畴的类别区分四种不同类型的原理：他依照量、质、关系和样态之范畴类别，将经验底可能性之条件（它们系因与这些范畴之图式化相关联而产生）表述如下：

1. 直观底公理
2. 知觉底预知
3. 经验底类比
4. 一般而言的经验思考之设准

（B 200）

与范畴表相应，康德将"直观底公理"和"知觉底预知"称为数学的原理，将"经验底类比"和"经验思考之设准"称为力学的原理。

下面我们简要讨论这些个别的原理；在此，我们严格依据康德的文字说明其根据。**直观底公理**（*Axiome der*

Anschauung）的原则是："一切直观均为广度量。"（B 202）在第一版中，康德将其表述为："一切现象依其直观而论，均为广度量。"（A 162）康德对该命题的证明如下：现象总是包含空间和时间中的直观。我们决无法把握、摄取现象，亦即将它们纳入我们的经验意识之中，除非"藉由杂多之综合，而一个特定的空间或（一个特定的）时间之表象因之而产生"；这也就是说：现象只能藉由它们之中的同类物之组合而被把握。但直观中的杂多的同类物之意识是量（Grösse）底概念。因此，甚至一个对象之知觉——我有所省略——唯有藉由量底概念始为可能。但这即是说："现象均是量，而且是广度量。"（B 203）

康德藉由下列原则来说明**知觉底预知**（*Antizipationen der Wahrnehmung*）："在一切现象中，凡是作为感觉底对象的实在物均有强度量，亦即一个程度。"（B 207）他对该原则的证明如下：现象是被知觉者。在一切知觉中均包含感觉，这些感觉本身拥有一个对象性的关联物："任何一般而言的对象之质料"，亦即"感觉底实在物"。因此，在一切现象中均有一种主观上被感觉的实质内容，这种内容涉及空间与时间中的所与物。既然这种实质内容能依或多或少的强度被感觉,则我们必须将一种感觉之量归之于它;但此量不能是空间和时间中的量(广度量),而只能是感觉底决定量(程度)。但这也就是说:现象的实质内容(实在物)有一个强度量,或者说是一个程度。何以康德称之为"知觉底预知"呢?知觉本身是无法预知的,因为它们完全是经验的。但是,我们能"预知"(先天地说出):每一个感觉,无论它在何处发生,均有一个强度量。所以,这是"知觉底先见""知觉底预知"。

由这些原理(它们本身是先天综合原理的原则)可以归结出:一切现象基于其量之确定性,表现为连续性。在我们的感觉中(或者说,在空间和时间中)出现的一切事物,基于"它们总是显现为一个量(不论是广度量还是强度量)"这项事实,均具有连续体的特质。在此,现象世界之连续法则(lex continui)得以证实;或者反过来,康德证实了以下事实:在现实界中无法发现罅隙和缺口。这是由纯粹知性底这两个所谓的数学原理推得的一项原理。

第三组原理表述三种**经验底类比**(*Analogien der Erfahrung*),它们是:

A.实体常住性原理（B 224）；

B.依据因果性法则的时间继起原理（B 232）；

C.依据相互作用或交互性底法则的同时性原理（B 256）。

首先，康德也提出这些原理所共有的原则。他在第二版中说道："唯有藉由知觉底必然联结之表象，经验始为可能。"（B 218）因此，现在康德谈到经验而不再谈现象。"经验"是"现象"概念的上位概念：它本身不牵涉到个别的现象，而牵涉到其合法则的联结。在第一版中，康德将"类比底原则"表达得更清楚。他在该版中说道："一切现象就其存在而言，均先天地受制于它们在一个时间中的相互关系底决定之规则。"（A 176）

这表明：此处的主题不再是既有现象的内部透视（这些现象本身被视为广度量或强度量），而是康德指向现象之存在，并且依此意义指向若干相互有关系的现象。若干相互有关系的现象受制于必然的联结之条件。如果它们并非如此，我们便无客观的世界在面前，而只有无关联的现象，各个现象与其他现象之间并无关系。仅仅作为广度量和强度量的现象便无法相互关联，而且不存在有秩序的现实界。因此，为了经验能真正产生，已预设了知觉之一项必然联结。但是，一项必然的联结，这也就是说：倘若现象要被视为不同的并且相互有关系，就得受制于规则，这些规则决定它们在一般而言的时间方面的相互关系。这些必须预设的"知觉之依乎规则的联结"以命题来表达，即表示"经验底类比"。何以康德称之为类比呢？他解释道："在哲学中……类比是两个……**质的**关系之相等。在此，我从三个已知项只能够先天地得出对第四项的**关系**，却无法认识并先天地提供**此第四项**本身；但是我拥有一项规则，可在经验中寻求第四项，并且拥有一个标记，可在经验中找到它。因此，经验底类比将只是一项规则，经验之统一当据之而由（个别的）知觉……产生……"（B 222）是故，这三个类比显示，为了能够思考一般而言的有秩序的经验世界，必须有何种先天必然的联结。现在，在我们举出各个类比之时，便会清楚地看出这点。

康德将**第一类比**（实体常住性原理）表述如下："在现象的一切更迭中实体常住，并且其量在自然中不增不减。"（B 224）康德开始说明其根据：我们始终只能根据内感逐步贯通感性素材之一项既与的杂多，因而产生一个问题：宇宙如何能被理解为一个在其时间关系中有秩序的一般而言的宇宙呢？我们有何方法可保证：我们在贯通我们的感性知觉（素材、现象）之杂多时产生一个与我们的经验世界底秩序相对应的秩序呢？为了使这种贯通不致对于一切对象始终是任意的，需要什么呢？换言之，当我们逐步把握在空间中被知觉之物时，由于可能的主观任意性而产生一个问题：这种任意性究竟如何能被导向一个有规则的经验世界呢？如今我们必定已有一个有规则的经验世界在眼前，因为我们谈论事物的性质。我们认为：事物的性质会变化，而事物却常住，因之我们可以区别"这是更迭的"与"这常住不变"。每当我们说"此物必定先于彼物"，此时我们已引进一种时间秩序。因此，我们的宇宙不仅关联着"同时"与"更迭"，也在时间的方向（时间的继起）中被安排。然则，什么使这个宇宙被安排成这样呢？对此问题，实体常住性原理表示：若非实体范畴自始已被"加入"现象的感性素材中，我们对于常住者和更迭者便无有规则的时间经验。为了说明清楚起见，让我们审查康德的证明。他解释道："一切现象均在时间中，唯有在其中……'同时'和'继起'才能被设想。因此,时间(现象的一切更迭当在其中被思考)不变,并且无所更迭。"一切现象均在时间中,而时间本身无所更迭,"因为它是这样的东西:'并存'与'同时'只能在其中被设想成它(时间)的决定"(B 224f.)。为了能确定一个"并存"或"同时",必须预设时间。它本身没有时间的继起,它没有先后;因为一切"先后"均像"同时"一样,居于它本身之内。但是,作为一切现象底这项预设的时间无法单独被知觉。我们在何物知觉到时间呢?始终只关联着在时间中延续之物,并且关联着在一个延续物中变化之物。在一个常住者中我们认识到更迭者,且因之认识到一个被决定者与常住者之"同时",或者一个更迭(一个由此至彼的先后关系)。如果我们想要依"同时"和"继起"之义确定时间关系,则非有一常住者之表象不可。由于我们无法单独知觉到时间,"因此在知觉底对象(亦即现象)之中必须有一个基体,它呈现一般而言的时间,而且一切更迭或'同时'能够在它之中……被知觉。而这就是一切实在物的基体",亦即一切属于事物底存在者的基体,也就是实体——在它之中,一切属于存在者只能被视为决定。"因此,常住者即……现象中的实体，亦即现象底实在物，它作为一切更迭的基体，始终保持不变。"既然实体（常住者）"在存在方面无法更迭，则其量在自然中也无法增减"（B 225）。康德于焉完成了将实体范畴图式化而成为时间中的常住者这一推衍过程；我们需要这种图式化，以便能真正确定时间中的"同时"与"继起"。在现象中，实体范畴必须被视为一切现象中的常住者，这属于经验底可能性之条件。因此，表达此义的定理不外乎是对我们的经验底条件之一的一项说明。故而它适用于一切经验；它是纯粹知性的一项先天综合原理。

康德将经验底**第二类比**称为"依据因果性法则的时间继起原理"，并将其表述如下："一切变化均依因果联结法则而发生。"（B 232）康德证明这个原理的过程与第一类比的证明相同。他由以下事实出发：我们对杂多的理解总是逐步的，而且这种理解不由自身产生经验对象中的时间秩序。我们看到：某物事实上较早存在，而另一物事实上较晚存在；这也就是说，某物在时间中取得了一个完全确定的位置。这种事实之条件也是个秩序概念，现实界早已依据这个概念被安排，而且我们能藉由这个概念客观地理解在一种特定的时间安排中的现实物。

如果在时间中有一个客观的秩序，则其原因在于：因果性之纯粹知性概念已被加入时间之流底杂多中。因为我们唯有以此方式得到变化的概念，由此我们首度得以确定在时间中的一种客观的继起，亦即一种客观的"较早"或"较晚"。按照以上所述，这种时间秩序由现象之依乎因果关系的联结（这种联结是一切经验的基础）所产生。

第三类比的证明与此相对应。康德将此类比称为"依据相互作用或交互性底法则的同时性原理"，并将其表述如下："一切实体只要能在空间中被知觉为同时的，均在普遍的交互作用之中。"（B 256）依照经验底第二类比，因果性这一概念唯独且正好客观地决定一个现象的时间点；而依照第三类比，相互作用（即交互因果性）这一概念唯独且正好决定事物的客观同时性。我们能客观地谈到若干事物的同时性（纵使在此我们也必须在我们的知觉中逐步贯通这些事物），其原因在于：我们的知觉的现实性已先天地由相互作用之范畴加以安排，因而我们可以说：唯有在相互作用中的事物是同时的。因此，藉由相互作用之范畴，我们能将被主观臆想的同时性和客观的同时性区别开来，并说明：何以某物事实上是同时的，而不只是我们如此理解它。

康德将与样态范畴相对应的第四组原理称为**一般而言的经验思考之设准**。之所以称其为设准，是因为它们作为实用命题，"对于一个概念（所述说者），不外乎认知能力的活动"，借此活动概念得以产生。某物到底是可能的、现实的还是必然的，这对于此处所谈的对象之概念上的决定无所述说。因此，设准对事物底概念无所增益，而只是显示"概念到底如何与认知力相结合"的方式（B 287）。现在，在经验思考（经验）的范围内，何者能被视为"可能的""现实的""必然的"呢（B 265）？凡是与经验之形式条件（即我们的直观形式和纯粹概念）相符者，均是可能的；与经验之实质条件（即既有的感觉）有关联者，是现实的；而依经验之普遍条件被决定，且同时指涉一个现实物者（即依因果性法则被决定者），是必然的：现实之物而同时为一个原因之结果，即为必然的。因此，这里并非牵涉到一个具有全面而无限制的效力之必然性概念；它并不适用于纯然的概念或纯粹的思想产物，而仅适用于我们的经验知识。依照康德的表达方式，样态底原理是：

1. 与经验之形式条件（就直观和概念而言）相符者，是**可能的**。
2. 与经验之实质条件（感觉）有关联者，是**现实的**。
3. 一物若其与现实物的关联依经验底普遍条件被决定，则是……**必然的**。

（B 265ff.）

换言之，凡是与空间和时间这些条件及我们的范畴底条件不相矛盾者，是可能的。能与我们的感觉联结且因之而在我们的感性经验中始终有一个立足点者，是现实的。最后，依据因果性法则关联着一个被视为原因的既存事件而为一结果者，是必然的。

在第二设准（现实性之设准）的脉络中，康德在《纯粹理性批判》第二版中提出一项"对观念论的驳斥"（B 274），它引起了各种阐明和解说。我们得指出：这项驳斥必须关联着《纯粹理性批判》中论误推的一章去了解。在该章中，所涉及的是作为心灵和实体的自我之决定，而且康德证明：对于人类之自我的知识只有在经验上是可能的，因而我们无法以哲学的方式谈到一个无法毁灭的心灵。康德的意思是说:"灵魂不死"的论点既无法被证立,也无法被驳斥。我们对于人类之自我(或者说,心灵)所知者,只是经验知识,其构成方式正与我们对于外在现实界的知识相同:它牵连到感性素材,是一种由概念产生的知识,而我们能就感性素材合理地应用这些概念。我们对于我们自己的知识始终是经验的,唯有一事例外,此即:我们知道自我之存在。自我之存在本身并非一种经验意识;因此,由自我底意识无法得出关于此自我之个别特质的进一步知识。尽管如此,就此意识仍充作经验知识的最高条件而论,它与经验知识相形之下具有更高的尊严(参阅自我意识对范畴之先验推证的意义)。在与自我知识底问题有关联的"对观念论的驳斥"中,康德只想说明:若无在我们之外的对象之存在,我们便无法决定我们的个体性存在(就我们在经验上认识它而论)。所以,康德在此驳斥那种主张"整个宇宙不过只是我们的表象而已"的观念论。因此,康德所证明的定理是:"我自己的存在之在经验上被决定的纯然意识证明在我之外在空间中的对象之存在。"(B 275)这项"驳斥"对于划清康德的立场是必要的,因为它表明:康德并未支持一种现象主义的观念论(例如，就柏克莱的意义而言）。对康德而言，此处所牵涉到的是对现实物的精确决定，此现实物同时是表象，也是客观的、经验的实在性。因此，康德将"对观念论的驳斥"插入第二设准（现实性底设准）的脉络中。

原理之系统于焉完成。其系统性特质归因于它与四个范畴类别的联系，以及（就概念而言）下面这一事实：此系统牵涉到一切综合判断的最高原理，而由之产生，作为其解说。这些原理之学说可用一个简式表示而概述如下：数学的原理使我们将事物认作量。力学的原理决定事物之存在：经验底类比依事物间的相互关系决定其存在，经验思考之设准则依现象对我们的认知能力之关系决定事物之存在。因此，数学的原理可以概括为连续性法则的根据。两个力学的原理则可依照以下观点去考虑：它们建立因果性或必然性的法则。以库诺·费希尔（Kuno Fischer）的恰当用语来说，一切原理就全体而言归于下列程序：一个可能经验之所有对象，就其形式而言均是连续量，而就其存在而言则均是必然的结果[1]。因

---

[1] 【译者注】见 Kuno Fischer, *Immanuel Kant und seine Lehre. Geschichte der neuern Philosophie*, Bd. 4（Heidelberg, 1909），S. 474。

此，我们可以这样表述连续性法则：在自然中没有跳跃（non datur saltus）；而这样表述因果性和必然性法则：在自然中既无偶然，亦无命定（non datur casus, non datur fatum）。

在1787年第二版中，康德以一项"对原理底系统的一般解说"（B 288ff.）而结束论纯粹知性底原理这一章。他强调：范畴若与直观无关系，便无法使知识可能，而只是一般而言的对象之思想形式。这点由以下事实可知：单单由范畴我们无法得出综合命题，遑论证明之。康德补充道：要证明范畴的客观有效性，不仅需要一般而言的直观，尤其需要外在直观。在此，他的解释牵涉到关系范畴。这项解说依其方式证实前面对观念论的驳斥，而且对于理解作为认知者和行动者的人底自我知识之可能性和界限具有重大意义。康德再度说明所找到的原理的意义以结束该节。一切原理正是而且只是经验底可能性之先天原则。它们仅适用于经验，而且其自身有效性甚至仅基于这种对经验的关系（参阅B 294）。

"判断力之先验学说"（或者说，"原理之分析论"）的"第三章"探讨"将一切一般而言的对象区别为**事相和理体**（*Phaenomena und Noumena*）的根据"；这一区别如康德在另一处所说，即感性存有者和知性存有者的区别。康德一开始就说明：现在我们已经"横越……纯粹知性的国土"，并为此国土中的每一个事物指定其地位和位置（B 294）。以他的譬喻法来说，该国是一个岛屿，被自然本身包围于固定的疆界中，而且该岛屿为一片辽阔的海洋所环绕，这片海洋是幻相与错觉之所从出之地。在进而深究此环绕真理之国的海洋之前，康德再度停下，回顾前面的阐述之结果。凡知性由自身产生、创造者，均只对于可能的经验且在其界限内有意义。认识此义同时意谓：确定了知性底运用的界限。这也就是说：知性对其一切原理和概念只能作一种经验的运用，因而决不能作一种先验的运用——先验的运用涉及无待于我们的感性经验而被给与的物自身（参阅 B 297ff.）。在此即是**整个分析论的成果**：知性不能逾越感性的限制，而知性底原理只是且只能是说明现象的原则。这也等于是说：如果我们使纯粹范畴脱离一切感性，则它们无任何运用，而且无法有任何运用。范畴仅表示对一个对象的思考，因此具有先验的意义；但若我们要藉由它们认识某物，它们就必须牵涉到感性。范畴涉及现象，而非物自身。如果我们考虑康德在这里所说的，就会认识到：

由于他在此限定纯粹知性的概念和原理,并决定其界限,因此提供了一个原则性的区别,即**物自身**或理体与**现象**或事相的区别。这项区别仿佛是由知性和直观(感性)之关联(如前所述)所得的结论。如今康德在论事相与理体的这一章中阐释这项区别。由于我们拥有一种思考和判断的独特能力(它无待于感性),因此这项区别是合理的。但问题是:尽管如此区别的"理体"概念有其必然的根源,如今我们能将什么意义归之于它呢?结论如下:"**理体**"**概念**(1)"不含矛盾",亦即,它本身是可能的且无矛盾的;(2)它是必要的,以使感性直观不至于有一种虚假的僭越,以为除了藉由我们的时空性的直观方式所决定的现实界之外,我们无法构思任何其他的现实界;(3)因此,"理体"概念是一个界限概念,是一个只能消极地使用的概念(参阅B 307)。从这些决定可以推知:整个说来,这个概念必须被理解成一个或然的概念;严格意义的"或然的"(problematisch)即表示一个可能的,但无法兑现的概念(参阅B 310)。但结果是:由于事相与理体的这项合理区别,我们并无两类可认知的对象在眼前,因此并无两个世界在眼前。为了决定我们的知识底有效范围的界限,理体底概念是容许的且不可或缺的，但它并无自身特有的积极意义。如果它有一种积极意义，则它必得表示一个可认知的对象。就我们的知识而言，知性和感性只能仿佛共同决定对象。我们的世界是经验世界。在此世界中，我们能够认识对象。一个**理体世界**是可能的，其概念对我们是不可或缺的；然而，在其中的可能对象，就理论方面而言是无法认识的。有别于事相的理体之学说归结于这种"必须设想"与"能够认识"的区别：我们必须设想理体，但却无法认识它们。这个学说与理性能力的理论联系起来，后者系在先验辩证论中加以讨论。

现在接下去论"反思概念之歧义（Amphibolie）"的"附录"（B 316ff.），连同详尽的"解说"（B 324ff.），藉由对莱布尼茨单子论（Monadologie）的一项批判性探讨，使关于感性能力和知性能力之严格区别的学说变得完整。核心观点在于：我们有四对比较概念（conceptus comparationis），即"同一与差异""一致与牴牾""内在与外在""可决定者与决定"或"质料与形式"（参阅 B 319）；而在我们必定根据这四组概念相互比较的一切概念中，我们必须注意：被比较的概念起源于何处？它们是否有其先验的位置？亦即，它们的发源地是在纯粹知性中还是感性中？如果我们忽略这些可能的不同根源，便会混淆物自身和现象，并得到一种错误的知识论，以及一种虚假的存有论。莱布尼茨将现象"智性化"（B 327），即把它们视为物自身，洛克则将"知性概念……均感性化"（同上）；依康德之见，对这两点必须加以批判。因为这两种看法均是由于将知性和感性（或者说，物自身与现象）作错误的联结而必然产生的。唯有藉由**一个先验的正位论**（Topik）——对于每次被给与我们的概念之先验位置的决定——我们才能避免这种歧义性，否则这种歧义性就会迷惑那种将概念相互比较的知性，并将其引到关于现实界的虚假的综合原理。在此，康德最后提到莱布尼茨的"不可区别者"同一（identitas indiscernibilium）这一原理，当作一种如此产生的虚假原理的唯一例子。依康德之见，这一原理的有效性只能就概念、而不能就空间与时间中的对象得到证实。反之，对莱布尼茨而言，这一原理具有无限制的效力；但依照康德的批判，这种效力系基于感性与知性的明显混淆，亦即，基于知性底先验运用与经验运用的混淆。

六、
理性：先验的幻相与先验辩证论的任务

现在康德开始先验逻辑的第二编，其标题为"先验辩证论"；这第二编结束先验成素论，而阐释对于人类知识有意义的第三种能力，即**狭义的理性**之能力（B 349ff.）。此编的**划分**包含以下章节：先是一个导论，讨论先验的幻相及此先验幻相所在的理性；接着有两卷，阐明纯粹理性的概念（先验的理念）和纯粹理性的辩证推论。辩证推论（就其数量而言，它们衍生自理性的能力）又在三章中被予以批判阐释，其标题为"纯粹理性之误推""纯粹理性之背反""纯粹理性之理想"。还有一个附录，论"纯粹理性底理念之规制性运用"及"人类理性底自然辩证之终极目标"，从而结束对先验成素论的讨论。在先验成素论之后还有先验方法论，为全书的终结。

6.1 辩证论一：作为纯粹理性底概念的理念

理性是一种独特的能力，它几乎无可避免地倾向于使我们的概念和判断超乎经验底界限之外，而绝对地应用到超越者（物自身）之上，最后应用到无条件者之上。就此而论，理性是一种与我们的知识有关的（亦即，先验的）幻相之所在与发源地。这种事之所以发生，是因为理性知识是**出于原则的知识**，亦即，因为理性试图藉由概念在共相中认识殊相。盖理性为**推论的能力**。三种可能的理性推论是：**定言的理性推论**（其大前提是一项定言判断），**假言的理性推论**（其大前提是一项假言判断），**选言的理性推论**（其大前提是一项选言判断）[1]。由于我们始终向上追溯这些推论，直到它们达到知识秩序最高的可能统一，所以它们使三种可能的无条件者显现出来。康德称这些种类的无条件者为**先验的理念**。这些理念是：（1）涉及定言理性推论的绝对主体，或者**心灵**；（2）涉及假言理性推论的条件之绝对全体性，或者**宇宙**；（3）涉及选言理性推论的一切一般而言的对象底条件之绝对而完整的系统，或者**上帝**。

这些理念必然随着我们的理性而来；它们可由三种理性推论推得，由此提供了其形上的推证。因此，那些逾越一切经验底可能性的理性概念（理念）必然会产生。如康德所批评的，在过去的形上学中，这些理念仿佛像实在对象一样被讨论：在理性心理学中是心灵，在理性宇宙论中是宇宙，在理性神学中是上帝。凭这些理念本身，仍不致产生**先验的幻相**，而是在我们以对象底方式

---

[1] 【译者注】此处的"理性推论"（Vernunftschluss）即通常所谓的"三段论法"（Syllogismus）。由于康德将理性界定为推论的能力，因此为了表达这一层知识论的意义，他不用只能表达逻辑意义的"三段论法"一词，而用"理性推论"一词。读者了解这点后，便不致感到突兀而生误解。

解释理性之不成问题的逻辑程序（此程序是要为知性中每项有条件的知识发现无条件者）时，才（而且正是此时）产生这种幻相。这将意谓：我们的处理方式并非根据"我们得为一个既与的有条件者**发现**无条件者"的原则，而是根据"若有条件者被给与，则无条件者也**被给与**"的原则。然而，这等于是说：心灵、宇宙和上帝被预设为可认识的对象。但若这个必须去规划的无条件者被设想且预设为可能知识的对象，便会产生一些论证和推论——我们必须认定它们为幻相，亦即理性之辩证推论（如康德之所言），并加以批判（参阅 B 396）。康德在上述三章（理性之"误推""背反""先验理念"）中所讨论的，正是这些产生幻相的推论。

6.2 辩证论二：产生幻相的错误推论

因此，先验辩证论分析我们的理性能力时，系依照理性能力所具有的概念，亦即由于其推论程序必然产生的概念。先验辩证论依据系统的关联表述这些概念。这些概念由于其无待于经验，以及其最后的优越的道德实践意义，康德依柏拉图称之为理念（参阅B 369）。这些理念底根源之证明及其由此产生的系统称为它们的形上推证。这项证明如何进行呢？或者换句话说，我们如何对这些理念作形上的推证呢？理性将我们藉由知性和感性而成立的知识汇合起来，并纳入一种系统的关联中，它以此建立这些知识之统一。这种关联系由以下方式达成：个别的既有知识被系属于更普遍的判断，亦即，被加以安排，因而可被表述为由更普遍的命题而来的结论。在将我们的一切知识纳入一个广泛的推论系统中的这项程序里，理性显示出它本来是什么，即藉由推论建立统一的能力。因此，假如理性是概念的一个独特根源，那么我们必定能够藉由分析理性形成推论的不同方式得到这些概念。如前所述，理性有三种推论：定言的、假言的和选言的理性推论。这些**理性推论**因大前提的形式而有不同。定言的理性推论具有三段论法的形式：

一切M是P

一切S是M

―――――――

一切S是P

假言的理性推论具有下列形式：

若p则q
今p（modus ponens）
─────────────
故q

这个假言理性推论还有一个变式：

若p则q
今非q（modus tollens）
─────────────
故非p

选言的理性推论依其普遍形式为：

A或为b或为c
A是b
─────────────
A不是c

或者有一个变式：

A 或为 b 或为 c

A 不是 b
———————
A 是 c

由理性推论的这些种类可知：(1) 理性仅牵涉到概念和判断，而非如知性一样，牵涉到直观；从正面来说，理性直接牵涉到知性，以及我们的感性知识之由知性得到的判断。但就理性只牵涉到知性而论，它也藉由知性（亦即，间接地）牵涉到经验。(2) 显然，理性以这三种推论方式将统一带入我们的知识中，因此拥有三种不同的统一机能。在所有这三种程序中，理性试图上升到越来越高且越普遍的大前提，亦即，找出当时更为广泛的条件。

如果我们将理性始终追求更普遍者这项意图普遍化，就会产生其一般而言的程序之重要**原理**。此原理是：理性始终想要"为知性之有条件的知识发现无条件者"（B 364）。是故，理性推论的形式包含三个由其程序产生的原始的"无条件者"概念，康德也称之为**纯粹的理性概念**或**先验的理念**。定言的综合底条件之全体性，或作为主词（它本身不再是谓词）的无条件者，是第一个原始地被勾勒的理性概念。另一个纯粹的理性概念是假言的综合（亦即，一条件系列底环节之综合）底条件之全体性，或者换个方式说，作为第一预设（它本身不再进一步有所预设）的无条件者。第三个纯粹的理性概念是选言的综合（亦即，一个系统中的部分之综合）底条件之全体性，或者作为一般而言的实在性底（决定之）总合的无条件者。

如我们所指出的，这些纯粹的理性概念系以人类理性的本性为根据，而且是必要的，以便使知性之统一尽可能继续下去，直到无条件者（如康德之所言）。因此，这些理念是一种概念，在感觉中并无与之相符的对象能被给与：它们是先验的理念。现在，假使我们错误地将一个对象加诸这些理念，从而误解且误用它们，便会产生**纯粹理性之错误推论**。康德在论理性的一章开头所谈到的纯粹理性之先验幻相就是基于这些错误推论。一般而论，先验幻相的产生系由于我们将思考（在此特别是推论）的主观条件当作对象本身之知识。是故，理性之一切不同的错误推论系基于**对理念和对象的根本性混淆**：一则涉及作为心灵的无条件者，二则涉及作为宇宙的无条件者，三则涉及作为上帝的无条件者。假使我们将心灵、宇宙和上帝加以实在化而成为对象，就会产生纯粹理性底辩证性运用的三种情况。

6.2.1　纯粹理性之误推：心灵问题

第一类型的混淆在论误推的一章中得到阐述（B 399f.）。误推是**理性心理学之错误推论**，它们想将实体性、单纯性、人格性、非物质性、不可坏性，以及不朽性或不死性归诸心灵。借助于这些证明，上述谓词被归诸心灵。所有这些臆想的证明均基于一项根本性的错误推论，康德在此脉络中将这种错误推论称为"言语形式之诡辩"（sophisma figurae dictionis）（B 411）。这种错误推论以意识的必然主体（单纯的、同一的且与一切表象有别的"我思"）为起点，而将这一切谓词套用于一个思考的存有者（作为一个实在对象）的概念上。但是，我们不可能如此由思考底**主体**转移到一个心灵底**实体**，因为要做到这点，必须有直观，而在此情况下正好无法有直观。是故，这项误解在于：意识之统一被当成作为一个对象的主体之直观，并且实体底范畴被应用于此直观上（B 421）。但意识之统一只是思考中的统一，单凭此统一并无对象能被给与，以致我们无法应用实体底范畴，因而决无法认识此主体。由康德的这项叙述可以推知：一门出于纯粹理性的心灵学（依传统理性心理学之义）是不可能的。但这项论点成立的同时有一个后果：人类心灵之唯物论的理论也无法成立。这个理论就像不可能的唯灵论（Spiritualismus）一样，是一种超越而无结果的思辨。

6.2.2 纯粹理性之背反：宇宙问题

第二类型的混淆在论"纯粹理性之背反"的一章中加以阐述（B 432ff.）。康德在这一章中阐释**理性宇宙论之错误推论**。理性宇宙论这个科目正如理性心理学一样，属于传统的理性形上学。在某种方式下，理性宇宙论所涉及的问题与前面论误推的一章中所讨论的理性心理学所涉及者并无不同。在迈向现象世界底一切条件之绝对全体性时，理性陷入一种涉及所有宇宙论理念的自我矛盾中。这种矛盾在于：由于宇宙之四个理念，相互处于一种矛盾性对立中的主张能得到证明。例如，我们能证明宇宙在空间和时间中有一个起始，也能证明宇宙是无限的。或者我们能证明宇宙中的一切均由单纯的部分组合而成，也能证明其矛盾的论点：宇宙中根本无单纯之物。或者我们能证明我们必须在自然底因果性以外假定自由，也能证明与之矛盾的反面：宇宙中根本没有自由，而一切均只依自然底法则而发生。最后，我们能证明宇宙需要一个绝对必然的存有者（不论在其内或其外），也能证明与之矛盾的论点：在宇宙之内或其外，均无一个绝对必然的存有者为其原因。此处所存在而为康德所剖析出来的错误在于，混淆有待寻求且被要求的无条件者（或者更详细地说，一切既与的有条件者底条件之有待寻求且被要求的全体性）和一个被假定为既与的无条件者（或者一切有条件者之被假定为既与的完整条件系列）。因此，这里也涉及一种"言语形式之诡辩"（B 528），这与纯粹理性之误推中的诡辩相类似。

　　为了能够更清楚地设想这一实际情况，我们必须进一步从头说起，而首先追问：康德如何阐明**宇宙论理念之系统**？然后得说明：理性的上述自我矛盾在于何处？这种矛盾因何而产生？以及最后，康德如何消除它？与心理学的理念相反，宇宙论的理念并不牵涉到思想主体的绝对统一（亦即，心灵），而是牵涉到现象底条件之绝对统一（亦即，作为整体的**宇宙**及其起源）。在某些范畴，我们能真正为一个既与的有条件者构思一个先行的条件系列；由这些范畴，我们可以提出宇宙论的理念来。例如，以实体底范畴而言，我们无法就属于实体的附质设想这样一个系列。因此，这个范畴在应用时并不将互相从属的条件结合成一个既与的整体，且因之不包含一种回溯的综合。反之，譬如在因果性底范畴，情况则完全不同；此范畴的确显示一个既与的结果底原因之系列。紧接着这类阐释之后，康德得到四个宇宙论的（亦即，涉及整个现象世界的）理念，它们每次均以一种特殊的绝对全体性（一特殊的无条件者）为目标：(1) 一切现象之既与的整体底组合之绝对完整性；(2) 一个别的、合乎现象而被给与的整体底分割之绝对完整性；(3) 促使一个既与现象发生的原因之绝对完整性；(4) 现象中一个偶然物底存在根据之绝对完整性。

康德的图表为：

1. 一切现象之既与的整体底

    组合之

    绝对完整性

2. 现象中一个既与的整体底

分割之

绝对完整性

3. 一般而言的现象底

发生之

绝对完整性

4. 现象中可变者之

存在底依待性之

绝对完整性

（B 442）

在这些全体性底理念中，理性均寻求有关宇宙的无条件者，而且是寻求每次作为一个最初者的无条件者——这也就是说，首先作为宇宙的起始或作为宇宙的界限，其次作为单纯者，再次作为绝对的主动者，最后作为绝对必然的存有者。前两个理念，康德称之为**数学的理念**或**宇宙概念**（它们的确涉及量与数）。后两个理念，他称之为**力学的**或超越的**自然概念**（它们涉及现象之现实存在）（B 447f.）。

如今，正是与这四个宇宙论的理念相关联而产生四种**背反**，这些背反康德在"纯粹理性之悖论（Antithetik）"一节（B 454—489）中分别提出、证明并加以注解。我们每次从这两组背反中各挑出一种加以说明。第一背反提出正论："宇宙在时间中有一个起始，在空间方面也被包含在界限中。"其反论为："宇宙并无起始，在空间中亦无界限，而是不论就时间或空间而言，均是无限的。"（B 455）重要的是：如康德所指出的，此处每次所牵涉到的均是可证明的命题；这些证明均由事物的本性而来（B 458），且因此使理性陷入一种自我矛盾中——如果理性不想陷于怀疑论或顽固的独断论，就得排除这种矛盾。在第三背反中，情形也与此相似。第三背反的正论是："依乎自然法则的因果性并非唯一的因果性……为了说明〔宇宙之现象〕，还必须假定一种藉由自由的因果性。"与此相对的是其反论："并无自由存在，宇宙中的一切均仅依自然法则而发生。"（B 472f.）

鉴于宇宙论理念的这种辩证游戏——在此游戏中，理性"困在正面理由与反面理由的错杂混乱中"（B 492）——理性为了其荣誉和安全起见，不得不揭示这种"自我分裂"（B 493）的根源。这便牵涉到先验哲学一项既无法规避又无法达成的任务；因为就因问题的提法，这项任务便无法藉由回溯到经验,而只能藉由反思宇宙论理念本身去解决。

然则,现象及其条件之绝对完整性底宇宙论理念(它们是冲突底基础)的真正意义为何呢?康德以**两个步骤**为其**答复**此问题作准备。**第一个步骤**,他试图以怀疑斟酌的态度将在正论与反论中所表达的关于宇宙的知识与我们对于宇宙的经验知识相比较,以评断之。在此显示:对于我们经由感性和知性而成立的关于宇宙的概念而言,一个无始而无限的宇宙是缺乏意义的,因为它太大了。同样,对于在我们的经验知识中由现象到现象的必然的经验回溯而言,一个有起始且在空间方面有界限的宇宙则又太小了,因而也是缺乏意义的。同理,一个没有自由的宇宙是太大了,一个包含自由地产生的事件的宇宙则太小了。对康德而言,宇宙理念与经验知识的这种不相称,坐实了以下的怀疑:四种背反之诡辩的主张有一个"空洞而纯想象的概念"(B 528)作基础。这项怀疑能指点我们去化解假相,亦即此处所产生的先验幻相。这项指点使我们认识到:物自身与现象的区别在此取得重要意义,因此,先验的幻相或所谓的"假相"的产生,正是由于忽略或混淆被区别之物。**第二个预备**

的步骤也牵涉到在分析论中所建立的"先验观念论";这种观念论现在被称为"化解宇宙论辩证的关键"(B 518)。先验观念论坚持作为一个先验对象的物自身底思想的必要性(请参阅关于"事相与理体"章的论述),但它也坚持:一切现象并非自身被给与,而只是在经验中被给与。因此,如果我们形成在空间与时间中的一切对象底绝对综合之在理性上必然的思想,进而形成狭义的宇宙概念,则此思想只能以有意义的方式表示可能的经验本身之思想:在它可于一种经验的回溯逐步实现的扩展中。但藉由物自身与现象的区分,康德也提供了化解后两种背反的关键;不过,他在稍后才对这点作更详细的论述。

理性之**宇宙论**的自我冲突之**批判性解决**(B 525ff.)导出一个基本错误,即在此领域中迷惑理性的根本性错误推论。这又是个言谈形式的谬误,一种"言语形式之诡辩",即由相同的语词(它在不同的脉络中具有不同的意义)所引起的错觉。康德这样表述这个错误推论:第一前提或大前提:若有条件者已被给与,则整个条件系列也被给与了;第二前提或小前提:今感觉底对象已作为有条件者被给与我们;结论或结语:所以整个条件系列也被给与我们（B 525）。此处重要的是要理解：大前提与小前提使用性质各不相同的"有条件者"这一概念。大前提完全不考虑感性知识的条件（亦即，完全无限制）而采用这个概念。因此，大前提论及物自身；此命题也的确适用于物自身，但我们不可由此取得知识。反之，小前提依经验的意义采用有条件者这一概念，是以它仅适用于我们的感性知识；但正因此故，它仅表示：条件系列的绝对完整性并未被给与我们，而只是被指定为一个课题。如果我们仅从概念性的（亦即，纯然合乎知性的）知识这一角度去理解大前提和小前提，则由于忽略这项区别，在此错觉仿佛自然地形成。

若我们理解此义，便知：全部宇宙论的背反均基于这种诡辩，并因之而必须被驳斥。但是，康德的论证仍不完整，因为我们至少还能主张：在关于宇宙的两个相互矛盾的命题（例如："宇宙是有限的"和"宇宙是无限的"）中，不管证明之错误，两个结论中必然有一者为真实的；盖"有限"和"无限"这两个谓词正如彼此矛盾地对立的决定之情况一样。因此，按照逻辑规则，这两者之一必然为真实的。然而，康德指出：在有限性与无限性（或者说，永恒与宇宙）这项对立中所涉及的并非一项矛盾的对立,而是一项"辩证的"对立,亦即这样的对立:唯当我们将宇宙底概念当作一个物自身底概念时,我们才可将这项对立视为逻辑的矛盾。

假使我们已经了解到其不可为而不如此看待宇宙底概念——换言之,假使我们认识到:宇宙不能是个自身被给与且能有一个确定量的整体,因而从这个概念中除掉先验的幻相——则这个表面上矛盾的对立便化为一项辩证的对立,其双方的命题能够同样为虚假的,而在我们所考虑的这个案例中也是如此。"宇宙是有限的"这个命题与"宇宙是无限的"这个可供选择的命题同样是虚假的。在这两种情况下,宇宙均被错误地表述为一个既与的整体,但它只在现象系列的经验回溯中被勾勒,并且它本身不能是个对象。

因此,纯粹理性之背反在其宇宙论的理念中系由以下方式被消解:"事实显示:此背反只是辩证的,并且是由一个幻相产生的冲突;此幻相之起,系由于我们将只宜当作物自身底一项条件的绝对全体性之理念应用到现象之上";这些现象"只存在于表象中,而且如果它们构成一个系列,则存在于逐步的回溯中,否则完全不存在"(B 534)。

对实际情况的这种看法引起以下结果:理性之宇宙论的理念(亦即,现象系列底绝对完整性的四个理念)并非经验的构造原则(konstitutive Prinzipien),而只是**规制原则**(regulative Prinzipien);这些原则督促我们在一个既与条件底条件之系列中继续回溯。依此,它们是最大可能的继续和扩展之原理;或者换个方式说,它们是经验的研究和知识之规则,或者说是主导线索。

至于前两种背反(所谓数学的背反)的**化解**,我们由此认识到:这两者均是虚假的。就**第一背反**而言,我们必须说:我们的经验世界不具有绝对的量。只有宇宙中的现象是有界限的,宇宙本身则否。在此,宇宙论的理念要求一种**不定的回溯**(Regressus in indefinitum),即由现象到现象的进展,以便有系统地扩展我们的知识。就**第二背反**而言,事实显示:一种特定的空间性实况之在直观中被给与的整体固然是无限地(ins Unendliche; in infinitum)可分的,但正因此故,并非已由无限多的部分所组成。虽然作为个别现象的一个既与的整体必须被视为无限可分的,但在其直观中决不包含无限的分割。因为分割的系列是渐次地无限的,但从未在一个整体中被给与。它决无法被组合成一个整体。这必定适用于连续量（quanta continua），亦即我们的经验世界中连续的量；但却不适用于不连续量（quanta discreta），亦即在自身之中已划分的量（例如有机体，其部分能由经验去确定）。但除了这些不连续量当作各自的现象整体本身来看是连续量而外，我们并不就充塞空间的事态与量之可分性论及不连续量。

至于后两种背反（力学的背反）的化解，我们必须注意：系列的形成在此容许不同种类的成素；因为不但是原因和结果，而且必然物和偶然物也未必是相同种类的存在物。因此，在力学的理念中，我们也能设想不同种类之物的一种综合。但这样一来，经验世界与智思世界的联结并未被否决——尤其是，如果我们要有充分的理由去假定一个智思世界（intelligible welt；mundus intelligibilis）的话。就此而论，在这些背反中，正论和反论至少有可能都是真实的；只是这样一来，两者必须各自预设不同的观点，而我们则无法由此得到关于智思世界的知识。现在康德在对**第三背反**的详细阐释中指出：**自由**（更精确地说，出于自由的因果性）与我们必须为经验世界和感性世界假定的普遍的"自然底必然性"并无冲突。因此，自由是可思议的。同样，他也指出：一个绝对必然的存在者的假定必然也不会与经验世界的条件相矛盾，借此化解**第四背反**；因为**必然的存有者**，即使完全在感性世界的系列之外，是纯然智思的，也能无矛盾地被设想。康德明白地强调：自由之现实性与一个必然存有者之存在并未因此而得到证明，甚至其实际的经验可能性亦未得到证明。但是，由此已显示：自由这一假定与一个绝对必然的存有者这一假定在理性的经验运用方面不会导致矛盾。因此，行动之自由与一个必然的存有者之绝对存在是可思议的。所以，第三和第四背反中的先验幻相也可藉由物自身与现象的区别予以消解。不过，还有一些问题留了下来。首先是：我们能够以什么方法实际证明自由之实在性？康德在《实践理性批判》中才对这一问题给出最后答案。其次是：一个必然的存有者之存在是否事实上也能证明？这个问题是《纯粹理性批判》最后部分的主题，但也要在《实践理性批判》中才会得到其最后答复。

在对整个"纯粹理性之背反"的**总结语**中，康德连接到其成素论的最后部分。他强调：藉由绝对必然的存有者之理念（它在经验知识方面的可能性已得到证明），我们已逾越感性世界的领域，而踏上纯智思世界的领土。

由此，第四个宇宙论的理念便转到对绝对必然的存有者这一概念的一种纯概念性探讨。在此，顺理成章地产生以下问题：这个概念包含什么内容？它本身是否可能？这个概念所表示的存有者能否被证明为存在者？以及最后，对于我们的理性底可能性和界限之知识，从这个概念会产生什么结果？既然在哲学传统中一个绝对必然的存有者的理念一再被等同于上帝这一概念，康德因此便碰到了对上帝的知识问题，或者换言之，碰到了一门理性神学的可能性这一问题。

6.2.3 纯粹理性之理想：对上帝的知识问题

在这一章中，康德探讨第三类型的产生幻相的错误推论，即理性的混淆和**诡辩**，它们由于纯粹理性及其本具的理念而或多或少自然地产生。

除了绝对主体之理念，以及现象世界之条件系列底绝对全体性之理念外，第三个无条件者底理念的根源在于必然由理性产生的**先验理想**：由于一切实际存在之物，以及一切设想之物，均必然一律已在概念（它们表示一个对象的实质内涵或实在性）中被决定，因此我们必须预设一切可能的实质谓词之理念，当作可能性之条件。但这个"**实在性底全体**"（*omnitudo realitatis*）之理念本身必须已明确地被决定。它必须正好且只有包括那些对于决定一切一般而言的对象来说为必要且充分的谓词。是故，这个理念是个理想，亦即一个**作为个体**（**在个体中**）**的理念**（B 596）；而且它是个先验的理想，是个先验的基体，因为它是一切思想对象底完全决定之绝对条件。这个理想能与选言的理性推论联结起来。它仿佛是**最初的选言的大前提**，而包含一切可能的实在谓词，并且我们能借助于它在内容上由实在性底全体将一切一般而言的对象理解为此全体之限制。就此而论，万物是原型的摹本，是"先验的原型"（prototypon transcendentale）的副本（ectypa）（B 599）。因此，我们能将此原型本身规定为"原始存有者"（Urwesen；ens originarium）、"最高存有者"（höchstes Wesen；ens summum）、"一切存有者之存有者"（Wesen aller Wesen；ens entium），以及最后是单纯的存有者，且因此是**万物底可能性之根据**（B 606ff.）。既然这个理想是理性的一个必然理念，那么上帝之理念便是理性的一个必然思想，这也就是说，这个理念也已为一个形上的推证所证明。

然而，这个理想本身并非一个存在的对象。它并非表示一现实对象与其他对象的客观关系，而仅表示一个理念与概念的关系。但既然它表明一个理想，亦即，包含一个存有者的理念，则我们几乎无可避免地或者至少极自然地会认为这个理想本身是存在的。然而，这是一种不能容许且无法证成的实在化。它是对此最高存有者之存在（上帝之存在）的一种诈骗。

这种诈骗迎合了**人类理性的需求**，即面对一切现实物的偶然性在一个绝对必然物中取得一个绝对稳固的立足点之需求。这项需求曾一再引导人类去证明上帝之存在。是故，康德在此处必须考察：上帝之证明具有什么意义？它们是有效的证明还是假证明？它们与纯粹理性之必然理想有何关联？现在，**对上帝底证明**的系统性分析显示：出于思辨理性**只有三种**证明上帝存在的方式：

（一）**自然神学的证明**，由感性世界底秩序和合目的性之特定经验出发，而推论到一个最高的智性体（Intelligenz），一个睿智的宇宙创造者。

（二）**宇宙论的证明**，由任何存在及其偶然性的非特定经验出发，而推论到一个绝对必然的存有者之存在。

（三）**存有论的证明**，该证明不管一切经验，而纯粹先天地由概念推论到一个绝对必然的最高存有者（一个最高原因）之存在。

在阐释这些证明方式的过程中显示出：一切证明的**真正论据**在于存有论的论证；因为唯当最高的存有者本身能被证实为绝对必然的存在者时，宇宙论的证明才能从任一存有者之假定的绝对必然的存在，过渡到此最高的存有者。而自然神学的证明依照逻辑只达到一个睿智的宇宙建筑师，而未达到一个绝对必然的存有者；因此，它另外需要宇宙论的论证，并进而需要存有论的论证，以便达到一个绝对最初的必然的最高存有者。是故，上帝存在的问题取决于存有论的证明的有效性。但存有论的证明犯了一项重大的**错误**。它也基于一项混淆，即混淆作为"存在"解的存有和作为概念内涵（即作为可能的谓词）的存有。怎么说呢？存有论的证明之推论如下：最实在的存有者（即包含一切可能的谓词之"实在性底全体"）不能排除任何东西。因此，它是最圆满的存有者。但若这个存有者不存在，那它就不是圆满的。它甚至会欠缺存有，而这则与圆满性概念相矛盾。所以，最实在的存有者必然存在。如果我们分析这项推论，便可看出：在这里，存在被理解为一个实在的谓词，它在思考中被附加于全体底概念，仿佛它能够是概念之一项额外的可能决定。然而，由于概念逻辑的理由，我们不可能如此理解存有（= 存在）；因为这样一来，一百个**实际的**塔勒[1]在概念上将必然与一百个**可能的**（亦即，纯想象的）塔勒有所不同。但若存有对于一个事物或一个对象的概念内涵无所变更，则存有也不能被理解为概念，亦即，实在的谓词。因此，一个断言某物存在的命题，并非可由概念的解释得到的分析命题，而是个综合命题，它无法在概念层面上得到证实。

因此，一切思辨神学均随着存有论的证明而失效。如果毕竟存在着一种可能性，能将上帝之存有视为确实的，则这种可能性仅存在于一种论证中，这种论证并非依乎理论的原理，而是依乎实践的原理。换言之，在此只能涉及一种"道德神学"。

因此，令人迷惑且产生幻相者系在必然的存在之思想中。唯当我们不将必然性底思想和与之对应的偶然性

---

[1]【译者注】"塔勒"（Taler）是早期在德国通行的银币，在康德的时代仍然通用。

底思想理解为事物本身之决定,而理解为理性之主观的规制原则,我们才能摆脱这个令人迷惑且产生幻相的因素。然则,这些规制原则一则表示:我们应当为一切存在之物寻求某个必然之物,唯有借此方式,知识之系统性统一才能被完成。再则,它们表示:我们不可将经验之物(它始终是有条件的)假定为无条件而必然的,结果便是我们只可在宇宙之外假定绝对必然者。

所以,一般说来,**上帝底一切证明之错误**在于将最高存有者之理想不单理解为规制原则,而是理解为构造原则。但这决非意谓:一切存在之物均由一个绝对的根源而来,而仅意谓:一切存在之物被看成**仿佛**已由一个至足的必然原因而来。因此,先验的理想是理性的一项规制原则,是我们的一切知识底系统性统一的原则,而非对一种自身必然的存在的断言。此理想的实在化是一种"先验的诈取(Subreption)",是一种诈骗和掉包,它正好显现于以下事实中:绝对必然性底思想无法形成概念,亦即,无法以任何概念(甚至是"实在性底全体"这一最高概念)来兑现。

因此,最高的存有者**不能被证明**,但**也不能被否定**(这是批判思想的另一面)。就此而论,一门先验神学的阐释仍有很大的用处。这些阐释能详细决定我们对上帝的概念，而且向两侧（理论的有神论一侧，以及理论的无神论一侧）驳斥理论理性的僭越。我们必须设想上帝，但无法凭理性的思辨方法认识之。"因此，对于理性之纯思辨的运用而言，最高的存有者依然是个纯然的，但**无缺陷的**理想，是个使人类的全部知识终结且极成的概念，其客观实在性固然无法以此方式被证明，但也无法被否定。而如果有一门道德神学能弥补这项缺陷的话，则原先只是或然的先验神学藉由决定其概念，并且无休止地检查一种屡屡为感性所欺，且与它自己的理念并非始终一致的理性，证明自己是不可或缺的。"（B 669）

康德以这些阐释结束对先验理想（作为我们的理性底一项必然的，但无法兑现的思想）的说明。

6.3 辩证论三：解决方式：纯粹理性底理念之规制性运用

在"先验辩证论之附录"（B 670ff.）中，康德首先依照具体的**自然探究**之观点，说明纯粹理性底理念之**规**

制性运用。理性探求知性底知识之系统，它要求这些知性知识之完整的统一，因此不单是一个偶然的集合，而是一个依必然法则而连贯的系统。因此，就现有的知识而言，理性由殊相出发，探求每回更高的共相。康德称这个程序为"理性之假设的运用"（参阅 B 674ff.）。在这个程序中，理性寻求可概括以往知识之更普遍的规则，直到我们的知识之整个系统完成为止：这当然是个绝无法完全达到的目标。因此，在这个程序中，理性必须假定：自然本身适合于这种对统一的追求，而由知性先验地建构的自然符合理性程序之法则，或者换句话说，就我们的知识而言，自然本身是合目的的（zweckmäßıg）。如果自然之系统的（亦即，科学的）探究在其特殊法则中当是可能的，则自然本身必须被安排得符合这些目的。自然之必须如此，康德在《纯粹理性批判》中仅有简短的概述，但日后在《判断力批判》中在"反思判断力"（reflektierende Urteilskraft）的名目下有详细的讨论。自然在事实上符合理性，这是建立于反思的理性之一项必然的先验假定中，并且能在科学知识的成就和进展中得到证实。是故，建立假设的理性之三个久已闻名的**研究规则**在此得以成立：第一个是"**若非必要，存有者不容**

扩增"[1]规则，或者说，在更高类之下的杂多底同类性之原则（**同质性法则**）（参阅 B 680）；第二个是"**存有者之分殊不容轻率减少**"[2]原则，或者说，在较低种之中的同类物底分殊之原则（**特殊化法则**）（参阅 B 683）；第三个是"**形式之间没有虚空**"[3]原则，或者说，其反面"**形式之间有连续性**"[4]（一切概念底亲和性法则，或者说，**形式底连续性法则**）（参阅 B 687）。

理性底这些原则在其假设的运用中均是先天综合命题。它们具有**客观的有效性**，但与纯粹知性的构造原理相反，却只具有**不确定的有效性**，这种有效性能藉由它们与建构经验的知性间的必然关联而得以证成。因此，这些原则能先验地得到推证（B 693f.），但只是作为理性的规制原理（它们牵涉到知性底知识之系统性统一）。

---

[1]【译者注】此规则之拉丁文原文为"*entia praeter necessitatem non esse multiplicanda*"，有时称为"思想简约原则"（the principle of economy of thought），因中世纪哲学家奥卡姆的威廉之强调而闻名，俗称"奥卡姆之剃刀"。

[2]【译者注】拉丁文原文是"*entium varietates non temere esse minuen-das*"。

[3]【译者注】拉丁文原文是"*non datur vacuum formarum*"。

[4]【译者注】拉丁文原文是"*datur continuum formarum*"。

它们当作理性的**主观格律**来看，也不含内在矛盾，因此，统一性、差异性和连续性并非三种不同而互不相容的现实性之类型，而只是不同的研究策略；这些策略使我们对于现实界的详细但却连贯的知识变得完整。

七、
人类理性底自然辩证之意义及其结果

纯粹理性底成素论的最后一节"论人类理性底自然辩证之终极目标"（B 697ff.）依题材分为三小节。**首先**，它探讨由我们理性之本性产生的三个理念（心灵理念、宇宙整体理念和上帝理念）之仍然欠缺的**先验推证**（B 697—708）。**其次**，它概述整个先验辩证论的**结论**；这个结论再度凸显出理念之正确的（即规制的）运用、其可能的误解及由此产生的幻相，以及其对于人类的理性活动的结果（参阅 B 708—723）。**最后**，它答复关于**上帝**理念与**宇宙**之关系的重要问题，从而证明以下论点：

纯粹理性所提出的一切问题必定是完全"可回答的"（参阅 B 723—730）。

（1）如果纯粹理性之理念如我们所指出的那样，本身并非辩证的，而是属于我们的理性之自然禀赋，那么它们必然具有一种意义，亦即，一种合乎目的的职分。但是，唯当我们能够先验地证成这些理念（虽然其方式与范畴之证成不同）时，我们才能肯定这种职分。

康德将这项推证称为纯粹理性底批判工作之完成。他指出：为了能够追求我们的一切一般而言的知识之系统性统一，这些理念是必要的——借此去进行这项推证。假如我们只拥有知性的知识，我们的一切知识将是无联系的，而在我们的经验知识间将无关联，并且由知性所形成的经验世界将是可能经验之一个空的形式框架，而无任何连贯的具体内容。

但是，在理念中所勾勒的统一必须为知性而图式化，以使知性好像在感性中持有理念作为形象（Gestalt），而知性能使其知识牵连到此形象，作为一个虚焦点（imaginärer Brennpunkt；focus imaginarius）。这表示：理念本身必须被构思成体现一种统一的对象。但是，在此我们必须注意：这个对象只能是个统一底图式，而不能是个自身存在的事物。唯有如此（也就是说，作为规制原则），理念才得到证成；逾越这个范围，则理念无法被证成。这些藉由理念而被构思的"理想的存有者"（B 702），藉由系统性的统一而扩展我们的经验之经验性统一，而我们的一切知识之关联系藉由这种系统性的统一始成为可能。因此，我们可以就我们的经验世界以一项实质的假设（suppositio realis）假定一个神性存有者，并类比于我们的经验世界的概念，将此存有者设想为最高的原因和最高的智性体，亦即，一个自由而睿智的宇宙创造者；当然必得考虑到：此处所涉及的是"理念中的一个纯然的某物（Etwas）""我们对于它**自身**是什么，并无概念"（B 707）。正由此点可以说明：就感性世界中的存在物而言，我们需要一个自身必然的原始存有者，但我们对此存有者及"其绝对必然性〔决〕无法有丝毫概念"（参阅 B 707）。

（2）此一小节再度系统地概述前面的所有论述。在此，我们无须再对它加以阐述，但可建议读者详细阅读它，以检查迄今为止对先验辩证论所获得的理解。我们只需强调：先验的幻相和理性底误导在此被归因于一项基本错误，此项错误在于撤销"将理念当作我们的知识底系统性扩展之规制原则来使用"的限制，而转向理念的构造性运用。如果我们撤销这项限制，就会由此产生对于我们人类的理性在两方面的误用：首先是"怠惰的理性"（faule Vernunft；ignava ratio），它是沉睡的，因为它认为一切自然底探讨均已完成，但在此却摧毁一切自然底知识（参阅B 717f.）；其次是"颠倒的理性"（verkehrte Vernunft；perversa ratio），它从错误的一面开始认识自然的工作，因为它仿佛暴烈而专横地从外面将目的和使命强加于自然，并且在此还失去自己的真正目的，即从自然追求关于上帝底存在的知识（参阅B 720f.）。

（3）现在康德仿佛在一个以具体问题为依归的重新概述中，再次答复关于宇宙和上帝理念之关系的问题。是否有某个和宇宙不同的东西包含宇宙秩序的根据呢？对于此问题，康德答以"毫无疑问"，因为宇宙当作现象的全体来看，需要某个先验的（亦即，纯粹知性能设想的）根据（参阅B 723f.）。第二个问题是：我们是否可以将这个存有者决定为最高实在性底实体，亦即，是否可以依照我们的范畴去决定它呢？康德驳回这个问题，因为它是无意义的。借助于范畴，我们顶多能设想智思世界中的一个存有者，但却无法认识它。第三个问题是：我们是否可以类比于经验底对象去设想这个存有者呢？其答案是肯定的。当然，在此我们必须考虑到：这里所涉及的只是理念中的一个存有者。在此前提下，拟人化也是容许的，例如，假定此存有者是个睿智而万能的宇宙创造者。由是我们也可将类乎目的的安排看作上帝的意图。康德在认可最后一个问题时加上了一个条件：在此我们不得将上帝与自然加以区别。**上帝底智慧之假定**只能被理解为指导研究的规制原则；但这等于是说：在上帝底智慧与自然底智慧和用心之间无法作任何区别。

最后，康德总结道：纯粹理性仅含有规制原则，这些原则逾越知性的经验运用。它们勾勒出我们的全部知识之一种系统性的统一，而且正是以此方式使知性的运用达到最大可能的自我协调。在这点上，它们具有其重要而基本的认知机能。它们当作此种规制性理念来看，是不容舍弃的。然而，如果我们误将它们理解为会带来关于物自身的知识（亦即，超越的知识）的构造原则，就会产生先验的幻相；化解这种幻相是先验辩证论的第二项基本任务。既然这种辩证的幻相不但是欺骗的、诱惑的且自然的，而且会永远持续下去，康德也就必须特别详细地撰写《纯粹理性批判》的这个部分。

批判工作的任务于焉告成。我们已经确定人类知识的成素及其先天的认知根源，并凸显其机能性意义；换言之，我们已经为它们作了形上推证和先验推证。其结果是：人类的一切知识均始于直观（感性），由此进到概念（知性），而终于理念（理性）。但这些知识必然涉足之处不外乎可能经验之领域。纯粹数学与纯粹自然科学乃因此证实为可能的。我们人类底理性对形上学的自然禀赋昭然可见。"**作为自然禀赋的形上学**如何可能"这一问题乃由此得以澄清。作为理论性学问的形上学唯有依经验底形上学之义（亦即，作为**自然底形上学**）始为可能，而且我们得完成它。如果形上学也要在另一方面为可能的，那么它必须被证明为实践的科目，即**自由底形上学**，其结果也会有一门实践的神学——或如康德所言，一门"道德神学"——得以完成。在理论哲学方面并无抵触之处妨碍这样一门自由底形上学，这点在化解第三个宇宙论的背反时已显示出来。在此书中，康德在先验方法论中再度指出这种可能性。当然，这样一门自由底形上学于1788年在《实践理性批判》中才被建立，也即在《纯粹理性批判》第二版出版一年之后。

八、
先验方法论

在先验成素论说明了一个由纯粹理性而来的哲学性学说系统的素材或成素，以及理性底理论性运用之因此而确定的界限之后，现在方法论的任务是要由此为这样一个学说系统的**建立**推出结论来：这些结论不但涉及理性在此必须采行的途径，而且涉及其途径的目标，即纯粹理性底有条理的系统之计划。因此，方法论包含"纯粹理性之完整系统底形式条件之决定"（B 735f.）。这些条件是要澄清我们不可做的事，亦即，查明那些不会达到目标的方法（尽管它们在形上学史中一再被使用）；因此有一个批判性的章节论纯粹理性的**训练**（*Disziplin*），理性在通往一个系统的途径中必须服从这种训练。这些条件也要澄清理性鉴于其道德的终极目的、为建立完整的学说系统、可以且必须遵循的积极准则；因此有一个纯粹理性的**法规**。紧接着对理性运用之规则（它们一方面是消极的，另一方面是积极的）的这种澄清和确定，然后哲学系统之完整计划依其建筑学的规划而被设计，因此有纯粹理性的**建筑学**。最后，方法论也包含对过去**哲学史**的回顾，以便使纯粹理性底系统之整个轮廓在历史方面变得完整，并决定形上学的新纲领在"纯粹理性底历史"中的地位。因此，康德的方法论包含四章：纯粹理性的训练、法规、建筑学和历史。下面我们就对这四章所讨论的题材加以浏览。

（1）**纯粹理性的训练**：这种训练是"告诫性的消极教导"，旨在避免那些因遵循错误或不恰当的方法必然会产生的错误（B 740）。在这些不恰当的方法中，第一种是在哲学中一再被使用的**独断的方法**，它模仿数学中不容置疑的论证。但如康德所详述，数学是在纯粹直观中由概念的建构得到其知识，并因之而具有直观的明证性；与此相反，哲学则是纯然由概念而来的知识。是故，哲学无法像数学一样依定义、公理和证明建立其学说系统，并因之而无法仿佛依几何学的方式（亦即，独断地）去进行。

另外两项禁制涉及哲学中理性之纯然**争辩**的运用和纯然**怀疑**的运用。当然，首先，以争辩来抵抗独断的僭越并反驳对手，是容许且要紧之事。然而，由此仍不能证明自己的观点。理性本身不会争辩。批判的理性是和平底法院。理性当作批判来看，并非间接而争辩地提出证明，而是直接诉诸唯一赋予合法性的法院：经验底可能性之条件。在此即包含以下事实：理性也能容许**怀疑的方法**仅作为批判程序的**通行点**。因为怀疑的中立性（如果有的话）只能在一种已知的具体情况中得到证成，因此无法普遍地成立。如果我们想要普遍地证成这种中立性，就需要一种关于人类理性的界限的理论。但正因人类理性要求真理，它必然会撤销怀疑的观点的普遍有效性。因此，唯一能证成的哲学方法是批判的方法，其内涵已在成素论中阐述过。空间和时间之直观形式、建构经验的范畴和理性之规制性理念均适用于这种方法。理性之逾越一切经验的纯思辨运用是不可能的。因此之故，在自由与灵魂不死，以及对上帝的知识之领域中，我们无法有系统地使用适合于自然科学的假设方法，而在理论方面有所得——尽管为了抗拒错误的独断要求，我们可以偶尔诉诸假设当作"兵器"。这些假设无法拥有认知意义。基于同样的理由，纯粹理性之证明必然是直接的且明示的（ostensiv）；它们必然特别基于一个唯一的论据，如同此外在证明纯粹知性之原理时的情形一样：在此唯一的论据是经验之可能性。在形上学中常用的**迂回证明**（apagogische Beweise）唯有在数学和自然科学中有意义，在自然科学中则多半是无关紧要的。康德就这种证明方式的结构来说明此义（参阅 B 817ff.）。

如果我们要证明命题P，在这种证明方式中我们假定其矛盾的反面，即非P，并追问：由此会产生什么结果？如果出现一个结论，而依据我们的普遍知识甚或科学知识此结论为假，则我们能根据否定后件式（modus tollens）的推论规则推断：非P亦为假，因此原来的命题P为真。这可用图表说明如下：

P有待证明
假定：非P
推得结论：S

已知：S为假，亦即，非S为真

应用推论规则：若非P，则S

　　　　　　　但今非S为然

　　　　　　　故非P为假

这等于说：P为真

结果：P得到证明

在一些学问中，我们可能会将我们对于事实的纯主观表象加诸对象，而当作仿佛客观的表象，并且混淆纯主观之物与我们的表象之客观内容。康德拒绝将这种证明方式应用于所有这些学问。但在纯粹理性的领域中，假使它对不在经验中被给与我们的对象加以思辨，则这样一种自欺或诈骗在原则上是可能的，而且几乎无法识破。因此，我们在这里根本不可使用这种证明方式；或者反面（非P）之否定仅仅指出：我们无法理解某物，且因而由此"无法理解"推论出P（但这并不具有客观有效性）；或者整个证明程序已经以一个不可能的对象概念为基础（如同在数学的宇宙论背反中一样），因此P和非P这两个命题同样为假，而且我们因之无法藉由否定反面而得到一项真知识。

（2）**纯粹理性的法规**：相对于纯粹理性的消极教导，现在论法规的一章阐明积极的规准，亦即**积极的规则**，它们系有关于纯粹理性独立于一切经验而能独自达到的确实性，以及纯粹理性因之有理由在超感性的智思世界方面假定者。既然纯粹理性在其思辨的运用中不具认知意义，则纯粹理性的法规仅能涉及实践的运用。所以此章将只能探讨道德法则与实践自由之确实性对于回答下列基本问题有何意义，此即：上帝是否存在？是否有来生或不死的灵魂？康德撇开先验自由的问题，因为我们在行止方面的自由能靠经验去证明，而这对于在实践运用中的理性是无关紧要的——不论这种行止方面的自由对于整个自然是否具有一种绝对的独立性。

康德就三个问题来阐明其思想的结构；在这三个问题中，我们的理性之一切兴趣（Interesse）结合到一起（B 833）。第一个问题是："我能够知道什么？"这个问题是纯然理论性的，而且在《纯粹理性批判》中已有答案。对于上帝和来世，我们必然仍无知识。第二个问题是："我应当做什么？"这个问题是纯然实践性的，而且由它在一门出于纯粹理性的道德学中的答案推不出关于上帝和不死的结论来。第三个问题是："我可以期望什么？"这是我们唯一能够继续探讨的问题。因为依结构而言，它同时是实践性的和理论性的。更详细地表述这一问题即是："如果我现在做我所当做的事，以后我可以期望什么？"既然对康德而言一切期望均以幸福为目标，亦即以完全满足我们的一切爱好为目标，我们也能更一般性地去表述这个问题，即：是否遵从道德法则使人有理由期待行动者也享有幸福？由此问题所产生的第一个难题涉及**道德与幸福**的关联。

道德与幸福有任何关联吗？乍看起来似乎并非如此，因为道德为道德法则所要求，但幸福无待于我们的行为，而毋宁为自然底因果性所产生或者为它所阻碍。但道德与幸福间仍有一种关联，因为依康德之见，道德不外乎表示：如此行为，以使我们成为配得幸福者。因此，其结果是：行为合乎道德的人（亦即，使自己配得幸福的人）大概可以期望分享幸福。纯由概念来看，这种思想关联是必然的。由此便得出"我可以期望什么"这个问题的结构。在此结构中，道德法则（实践之物）成为回答一个理论性问题的线索。我们可以假定：某物的存在是因为（其他的）某物应当实现。我应当依道德而行为，因此我可以假定：现实界的情况使这个道德行为成为可能,并且特别使它不错失其目标(道德)及其意义(幸福)。因此,与道德法则同样为必然者还有以下假定:"每个人均有理由依照他在其行为中使自己配得幸福的同样程度去期望幸福。"(B 837)当然,道德与幸福之间这种不可分离的联结只是个实践上必然的理念,即**一道德世界之理念**。它固然必定被要求,正如道德法则所要求的,但亦正因此故,它仍然决非实在的。这个道德世界并不等于我们在其中生活与行为的世界。唯当我们以一种最高理性(它本身是完全合乎道德的意志并且是幸福的)作基础,当作自然(即我们这个世界)底原因时,我们才能就我们在自然和历史中的世界期望道德与幸福的这种联结。由于根据道德法则我们有权期待一种与道德相称的幸福,亦即一个智思的道德世界(我们自己同时也属于这个世界),因此我们可以假定一个公正、神圣且支配自然的存有者之存在;同理,我们也可假定一个来世。唯有此种存有者能保证道德与幸福彼此相当。而唯当我们是不死的,我们才能如我们所应当的,成为道德的且幸福的。

我们总结如下:我们在道德上有权期望幸福;但唯当上帝——原始的最高善之理想——存在,而且我们自己并非在此世已终结或随此世而终结时，我们才能面对我们的自然世界和历史世界而期望这种幸福。因此，**上帝之存在**与**灵魂之不死**是实践上必然的预设，这些预设"与纯粹理性托付给我们的责任"（B 839）不可分（请参阅 B 842 中的第一段，这一段对此复杂的思想加以最后的综述）。

藉由这些阐释，康德建立了一套**道德神学**，它相对于思辨神学有极大的优点，即："它必然通往一个唯一的、最圆满的且理性的原始存有者之概念。"（B 842）依康德之见，这种道德神学完成我们对于整个宇宙和自然的看法，并使我们关于自然之合目的的统一的探究、以至于自然神学和先验神学朝向一切目的之系统性统一。但我们仍要注意：这种道德神学并非理论性知识，而是一种实践的**理性信仰**；这种信仰固然具有主观确实性，但不能包含客观知识。其基础为道德法则的确实性，而非对上帝存在的理论性知识。因此，道德神学本身不可有超越的运用。其运用仅是内在的，亦即，它只可帮助我们履行我们在此世的道德使命。

纯粹理性的法规已提供我们一些原理，以指示我们如何能正确使用实践的理性能力。这项法规提供我们以思辨理性底最高问题的答案。但是，这个答案在于**实践的设准**；"上帝存在"和"我们是不死的"这两个命题并非知识，而是一种主观上确实的理性信仰的语句。这种道德的信仰在其牢不可破的主观确实性中与其他的确认方式，与纯然的意见，与实用的信仰，与学说性的理论信仰，与同时在主观上确实的且在客观上有根据的知识之间的关系如何，康德在论法规那一章的最后一节"论意见、知识和信仰"中加以阐述。对于道德一方面与上帝存在之确实性，另一方面与来生底期待之确实性间的关联，此处有一段令人难忘的说辞："既然……道德的诫规同时为我的格律（依理性底命令，道德的诫规应当是我的格律），则我们必然信仰上帝之存在和来生，而且我确定：没有东西能动摇这种信仰，因为若这种信仰被动摇，我的道德原理本身便会被推翻，但我无法放弃这些原理，而不在我自己的眼中成为可厌之物。"(B 856)

（3）**纯粹理性的建筑学**：方法论的这一章依照必然的划分勾勒哲学的系统——一方面由哲学的理性知识（有别于历史学和数学）概念来划分，另一方面依据哲学的**宇宙性概念**来划分（根据此概念，哲学是关于一切知识与人类理性底基本目的之关系的学问）。依据这一宇宙性概念，哲学有两个基本对象领域：**自然**与**自由**。哲学首先分别探讨这两者，但随后在一个单一的系统中依据人类底全副使命之终极目的将它们统一起来。

首先，哲学知识与由资料而来的**历史**知识相反，它是由原则而来的理性知识。如我们已了解的，哲学知识之所以有别于**数学**（它也是理性知识），系因它并非在直观中建构其概念：哲学是单单在概念底工作中的知识。如今，根据这种由概念而来的知识究竟是由经验还是由理性本身得到其原则，我们可将一种**经验**的哲学和一种**纯粹**的理性哲学加以区别。亚里士多德对"第一哲学"（πρώτη φιλοσοφία）——它试图揭示存有者的最初根据——的决定，就像英国经验论的哲学构想一样，也属于经验的哲学。与此相对，康德自己的构想则是一种由纯粹的理性原则而来的哲学。

纯粹理性之哲学分为一门**预备学**和纯粹理性之**系统**。这门预备学探讨理性能力本身，以确定存在于其中的纯粹先天知识（这门预备学即是纯粹理性之批判）；而纯粹理性之系统则在一个系统的关联中阐述一切由纯粹理性而来的哲学知识（康德称这个系统为**形上学**，但同时说明：形上学一名也能用于包括批判在内的纯粹理性之哲学）。如今，既然纯粹理性有一种**思辨**的运用，也有一种**实践**的运用（换言之，人类理性的立法既包含自然法则，也包含道德法则），则形上学必然分为一门**自然底形上学**和一门纯粹的道德学（亦即，一门**道德底形上学**）。于是我们便有了纯粹的理性哲学的整个轮廓，以及批判、自然底形上学和道德底形上学诸领域。

现在康德按照纯粹理性之批判中的课题，再度撇开纯粹的道德学，而转向狭义的形上学（自然底形上学）。

在这方面康德如何继续讨论建筑学，为明了起见，我们可用下图（见下页）予以说明（参阅 B 873—875）。

由该图可知：狭义的形上学之整个**系统**，系依照什么区分之观点，划分成康德最后所强调的**四个主要部分**：存有论、理性自然学、理性宇宙论和理性神学。

对该图还得提出两项说明：①先验哲学被等同于存有论，而且它当作自然底形上学的一部分来看，与作为纯粹理性底哲学之一个科目的批判之间界限分明。这引起在早期康德学派中已经详细而有分歧地讨论的问题：此批判与先验哲学或存有论之间实际上是否存有根本差异？②以下一点的确令人惊讶：在先验辩证论中被

八、先验方法论

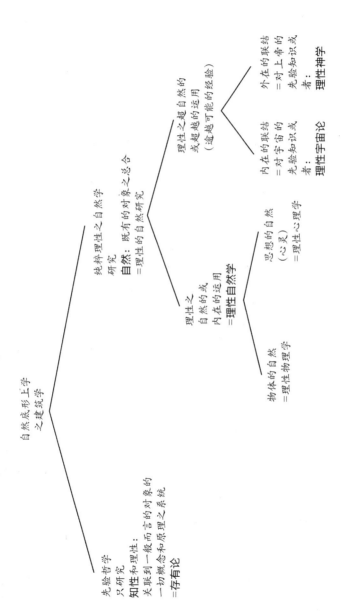

指明为不可能的特殊形上学之分科在此重新出现；尤其是理性心理学被列入理性的内在运用、而非超自然运用中。然则，理性心理学是否也许并非涉及一种假知识？

在论建筑学这一章的结尾，康德强调他重新建立的形上学的**普遍意义**。这种形上学固然不再是宗教的"基础"，但却是其"护垒"（B 877）。人类理性不能欠缺这样一门学问；这门学问约束理性，并因之而使它在道德与宗教中不会受到可能的破坏。这种形上学是我们唯一能依本义称为哲学者。在诸学问的结尾，它使一切均牵连到智慧，亦即，人类之最高目的。这些学问对于此目的能有何贡献，必须经由形上学来确定：藉由自然底形上学，而自然底形上学又藉由道德底形上学。因此，形上学也是人类理性底一切陶冶之完成：作为特定学问之可能性底条件之理论，尤其是作为对那些在规范方面决定一切科学理性之运用的实践格律的分析。最后，形上学在思辨方面，除了防止错误，并无他用——这点有其积极的一面，亦即：正因此故，它能在学者的共和国中促进和谐，并有效地责成诸学问追求其主要目的，即提高普遍的幸福。

（4）**纯粹理性的历史**：这简短的一章是方法论的最后部分，亦为全书的最后一章。康德并未详细阐述这个题目；但依他之见，这个题目在系统中所标示的位置将来必须要填满。

纯粹理性的探究史始于对上帝的究诘和对另一世界的期望。人类逐渐了解：良好的品行最足以保证取悦上帝，并在一个更好的世界中得到幸福；故在神学思想史中，道德学不离左右。因此，这两者成为理性底一切抽象研究的动机和联系点。但尤其是从神学产生思辨形上学。康德根据三个观点来概述思辨形上学在历史过程中的重大变革：①就我们的理性知识底真正对象之所在而言，②就知识的根源而言，③就纯粹哲学的适当方法而言。根据这些观点中的每一个观点，我们的两个根本的知识来源——感性和知性——的区别均能发挥作用。就真正的对象而言，智性哲学家（如柏拉图）仅将知性的对象（即概念和理念）视为真实之物；反之，感性哲学家（如伊壁鸠鲁）则将感觉的对象（感觉与情感，即感性知觉）视为真实之物。

经验论者（如亚里士多德和洛克）在经验中看到知识的根源，精神论者（如柏拉图及其后的莱布尼茨）则在无待于感觉的知性本身中看到其根源。在哲学底科学方法的范围内,独断论的、理性论的方法(如在吴尔夫那里)与怀疑论的、经验论的方法(如在休谟那里)相对立。在所有这三方面,感性与知性的代言人间的争执并未平息,因而迄今一方的立场能够一再被另一方的立场所质疑,而且实际上也被质疑。经由康德的批判哲学,我们才有可能调停这两种立场,并了解到双方的立场均有某种理由,从而平息这项争执。"唯有**批判的**道路仍然敞开。"(B 884)

九、
《纯粹理性批判》的统一性
及其与其他主要批判性著作的关联

（1）《纯粹理性批判》的**统一性**：《纯粹理性批判》的统一性问题系由康德在1787年**第二版**中的更改所引起。康德自己强调：在此所牵涉到的只是应当有助于外在明晰性的修正而已。叔本华持最强烈的反对论点。他在其1819年著作《作为意志与表象的世界》的附录（他名之为《康德哲学之批判》）中只注意到第二版，后来读到第一版时才意外地发现他认为真正的康德。他的判定是：第二版呈现一种歪曲而走样的文字。尤其是新加入的一节"对观念论的驳斥",但还有对物自身所更改过的论述,与第一版的观念论纲领相抵触[1]。对我而言,似乎可以确定的是:从第一版到第二版,康德的先验观念论(它同时是经验实在论)的构想未尝改变。但在这里并不适合特地详论这个问题,以及其他问题。我们只是应当特别提到这些问题,以使本书的读者自己去思考它们。

《纯粹理性批判》的统一性的第二个问题系由**其缘起的历史**所产生。原先《纯粹理性批判》应当只讨论"感性的界限",以后则要讨论"感性与知性的界限",结果最后成为对纯粹理性(即整个理性能力)的全面批判。由此也就出现一个问题:此批判的个别的重要部分是否归原于这个历史的发展过程,并因之而可能相互否定?譬如,先验分析论与先验感性论的关系,后者的大纲在1770年就已确定[2]。又如,先验辩证论与先验分析论的关

---

[1]【译者注】这些修正意见均见诸1844年出版的《作为意志与表象的世界》第二版。

[2]【译者注】此系指康德于该年发表的就职论文《论感性世界与智思世界的形式与原则》(*De mundi sensibilis atque intelligibilis forma et principiis*)。

系。关于这项关系的一个特殊问题，直到近来学者在重建康德的"经验之形上学"时仍被讨论；此问题即是：先验辩证论是否根本为多余的，并因之而是个很容易为人所忽视的异物？先验辩证论到底是否对康德的经验理论有所帮助？本书已尝试表明：论先验幻相和纯粹理性之理念的学说对于我们的知识之完备理论具有重要意义。本书尤其要表明：理性之理念当作规制原则来看，对于我们的经验知识也是不可或缺的。若无这些理念，至少科学和科学研究便无法充分地被设想。

最后一个问题涉及康德的**自我了解**。盖《纯粹理性批判》中若干不清楚之处引出一个问题：康德希望他自己的著作得到怎样的评价？《纯粹理性批判》是否依照方法论中论建筑学的一章，为形上学（亦即，被视为存有论的先验哲学）**以外**的一项独立科目？此外，《纯粹理性批判》像在其关于原理的学说中是否也已经是依理性物理学之义来理解的自然底形上学？当康德针对费希特在一则报纸启事中强调：他决不单是想要提供一门预备学，而是想要提供先验哲学本身底系统之际[1]，我们应该如何评断《纯粹理性批判》？是以，此批判到底是预备工作，还是甚至已是系统了呢？它到底只是知识论，还是也已经是存有论了呢？从开头起，以及在整个19世纪，康德的解释者特别在最后一个问题上煞费心力。

（2）与其他主要批判性著作的**关联**：本节应当给读者若干提示，以了解他在何处可以发现康德对于在《纯粹理性批判》中讨论过的题材的进一步探讨。此处要紧的是知道：藉由《纯粹理性批判》，康德原先认为整个批判工作已经完成。然而，他在1788年又出版了《实践理性批判》，1790年则出版了《判断力批判》。显然，康德不得不更详细地说明《纯粹理性批判》的若干题材：例如，一门道德底形上学之奠基的题目；这个题目他已在第三个宇宙论背反（即自由底背反）的框架中，但也在"纯粹理性之理想"和方法论的法规中讨论过了，但仿佛只是以有条件的方式，即基于一项前提：有道德法则存在。又如，依据合目的性底观点而进行的生物学的

---

[1]【译者注】见康德于1799年8月7日发表的"Erklärung in Beziehung auf Fichtes Wissenschaftslehre"（*Kants Gesammelte Schriften*, Bd. XII, S. 396f.）。

自然科学的题目；一般地说，即是此问题：到底经验底系统如何可能？这些问题已在"先验辩证论之附录"中讨论过；但对康德而言，它们显然需要一个关于目的论判断力的特殊理论。最后则是道德神学的题目。由于康德在方法论的法规中试图从道德的观点回答"上帝是否存在""灵魂是否不死""人究竟是否自由的"这些基本问题，他已探讨过这个题目。现在这项主题以"实践理性底设准"的名目再度出现在《实践理性批判》中，也以"伦理神学"的名目在《判断力批判》中再度被研究并详论。

在这些进一步的探讨中，是否已有重大的修正，还是只有无关宏旨的修正？在此尚未确定。另一方面，我们一定要谨记以下一点：若无对于三个批判的概观，则想要**完整**解释康德的批判哲学是不可能的。若不掌握实践理性的批判，便无法充分体认：自由是纯粹哲学底整个系统的拱心石。若不掌握《判断力批判》，便无法充分体认：在自然和历史中的整个现实界，必须依照一个服从道德法则的存有者（即人这个有限的理性存有者）的终极目的，被设想为一个合乎目的而被安排的整体。

十、
困难、难题、问题

我们在下面列举困难时，并不求其完备。我们所提到的难题，部分从最初康德学派及批判哲学底理念论的"完成者"那个时代起便一再出现，部分则是在科学理论的推进中（由新康德学派到分析的科学理论），以及最近在系统导向的分析哲学吸纳康德思想时再度出现。

我们得注意：此处所涉及的难题依照解释者的立场而被赋予不同的分量，并且得到不同的答案。解释者到底是个形上学家、科学理论家、知识论者，还是哲学史之史学家？他因此是否主要或唯独由这些特定的观点来解释康德的原理？这一点会造成极大的差异。当然，在我们的脉络里，我们无法探讨各种可能的解释观点，但已暗示其中若干重要的解释观点。因此，下面我们仅简述若干一再被讨论的重要问题和难题。

（1）根本性的难题之一涉及**物自身**与**现象**的区别。一方面，这项区别似乎是必要的；另一方面，它似乎又是不可能的。有一种固定地反复出现的意见认为：若无这种区别，我们便无法进入康德的思路中；有了这种区别，我们便无法停留在他的系统中。因为若要将我们的一切知识限制在经验里，就需要物自身的思想，而我们当然无法认识物自身。然而，既然这个无法认识的物自身在此脉络中必须被设想为触动我们的感性之物，则它已为原因与结果之范畴所决定，从而以某种方式被设定为可认识的。然则，我们得舍弃这项区别吗？在雅科比使这个难题引起注意之后，费希特则排除这项区别，而把哲学引上德意志理念论之途。

（2）有一整串难题缠绕着康德将**空间**和**时间**理解为纯粹直观形式这一点。①我们不能将这两者设想为事物的特性，设想为物质及其特定能量关系的结构特性（一如相对论的发展容易使人想到的）吗？爱因斯坦本人与汉斯·莱亨巴赫均曾以此方式批评康德。②康德藉由其空间学说先天地证立的欧几里得几何学，岂非只是可能的空间几何学的一个特例？如果是的话，我们就不必在人类主体之直观空间与事物（例如宇宙中的对象）之客观的空间秩序之间加以区别吗？如果这是事实，则表明：空间和时间固然也是主观的直观形式，但只是特殊的直观形式，无论如何并非普遍有效。宇宙之客观现实界便能隶属于完全不同的时空关系。③对动物的生活世界与其特殊的感觉器官，以及因此而被提供的"环境"的探究，使我们似乎有理由推测：连人类也只拥有一个特殊的环境，因此将智人的环境及直观形式套用于宇宙自身是得不到支持的。但若连人类的空间直观和时间直观也只呈现出实在的宇宙的一个片段，那么实在的空间与时间必须与作为直观形式的空间与时间区别开来。但这样一来，康德已非法地将空间和时间化约为感性的直观形式，并因之而绝对地设定人之主观环境。

（3）第三个难题涉及**感性**与**知性**这两种认知能力的关联。依照康德的评定，这两者根本是不同的，但却共同发生作用。但若它们如此在原则上彼此相异，它们又如何能共同发生作用呢？莱因霍尔德已指出在这两种能力之间作为中介的"表象"概念,费希特则在这一点上追随他。甚至海德格尔也尽力深入地谋取对构想力底能力(它居于感性与知性间为其中介)的正确了解。此处岂不存在着康德知识论中一个系统上的缺陷吗?感性和知性的确必须有一个共同的根芽。

(4)一个一再出现并从各种观点去进行的辩论,牵涉到**判断之区分**为分析判断、后天综合判断与先天综合判断。究竟是否有先天综合判断?这个问题等于是问:除了逻辑和经验,是否还有一种真正的哲学知识,这种知识能在一种先验逻辑中加以阐明?因此,反对这一看法的论证特别是从分析的、经验论的科学理论一方所提出。但由于数学家否认:数学系基于一种先天直观,他们对这项辩论也作了批判性的贡献。然而,依康德之见,这样一来,数学不外乎是逻辑的一种特殊形式;但我们因此便不再能说明数学的特殊对象:数与几何学的构成体。然则,以下问题必然也得不到答案:对于我们的自然知识,数学到底如何能取得意义?

(5)一个未解决的难题是,判断机能底起源及其系统的推衍。众所周知,康德诉诸**判断表**,以便由此对范畴(作为我们的知性的基本概念)作形上的推证。但是,判断表本身并未经过推证。要补上这项推证的尝试，从莱因霍尔德、费希特、谢林，一直延伸到克劳斯·莱希(Klaus Reich)。如果康德的理论想摆脱一项嫌疑，即：它在一个关键性的地方是无根据的，他岂不必由自我意识推证各种判断机能，作为其自我关系的方式吗？然则，他自己的范畴也只是随兴拈来，正如他自己认为亚里士多德的范畴论是如此。

（6）上述难题转为对康德式的先验哲学可能有关键性的难题，即先验统觉的难题。"我思"如何能被理解为**自我意识的统一**？就范畴之先验的证成而言，"我思"有何作用？"我思"与诸判断机能之间有何关联？这类问题促使费希特不仅将全部哲学，甚或将我们一般而言的知识建立在自我，以及自我意识的理论之上。迪特·亨利希更尝试建立一种自我意识的批判理论，这种理论能免于循环程序的指摘。他对康德的解释（尤请参阅其1976年的《同一性与客观性——论康德的先验演绎》）显示出范畴底先验推证的复杂结构，尤其显示出康德在先验推证中所使用的两个在自我意识的统一中的"自我"概念（数量上同一的自我与单纯的自我之概念）之独特关联。我们能否从作为一般而言的"单纯自我"的"我思"

去说明表象的结合（即综合）？既然同一的自我（即在一切不同的状态和表象中始终如一的主体）本身已预设时间的表象，并因之而无法是真正原始的，那么它可否当作推证的基础？我们得如何设想自我意识与判断机能的关系？是自我意识产生判断机能？还是判断机能先于自我意识而被确定？所有这些问题指明：康德对先验推证的阐述，并非在每个方面均是详细的且实际上完全成功。但我们将不得不说：此推证的基础正如其主题目标一样明确，并且可以理解。

（7）另外一个重要问题涉及《纯粹理性批判》本身所使用的哲学阐释的**方法**：《纯粹理性批判》的证明有何地位？其陈述有何地位？其证明是明示的（依据方法论，它们的确必然如此），还是仅仅回溯的且迂回的？其陈述是分析判断还是先天综合？就《纯粹理性批判》而言，我们能否论及一种统一的"先验方法"？还是此批判只在若干地方包含"先验的论证"？此类问题尤其是在现代哲学吸纳康德思想时，由分析的哲学传统所探讨，如史卓森（Strawson）和科尔纳（Körner）。对《纯粹理性批判》全书统一性的理解同时系于对这些问题的回答。但要判定：我们是否且用什么方式能设想先验哲学本身是可能的并使之实现？这也系于对这些问题的回答。

（8）我们还要提到最后一个难题，即一再被讨论的**智思世界与感性世界的关联**。如果人作为自由底存有者属于超感性世界、作为自然底存有者属于经验世界，那么他是什么呢？他必不会为此而破裂吗？既然这样一个纲领缺乏统一性，它岂不会最后甚至在哲学方面都注定要失败吗？两个世界之间的这种区别，岂非最后系于宗教的前提，或许也系于世俗化的宗教前提，无论如何系于人类底自由与责任之一种超越表象吗？这岂非另外还要根据主要是形上学的预设：人对于宇宙可能有实际的知识，而人实际上能认知，也能行动？鉴于知识理论与科学理论以及行动理论中的最新发展，难道我们不应当放弃关于理性动物这些具有误导性的看法吗？

对于这个难题和上述其他所有难题，康德均有答案，纵使不是现成的，仍然随时可以得到；纵使不在《纯粹理性批判》中，仍然在其全部批判性著作中。当然，这些答案有些并未充分确切而详细地被阐述，有时甚至只能隐含地被认识；而且这些答案中显然有许多系受到其时代的历史情势所决定。但是，他在《纯粹理性批判》中与此有关的意见，就意图与整体脉络而言仍是明白而清晰的。尽管有许多针对康德**整个**哲学**纲领**而发的批判性观点，以及许多修正建议，此纲领仍证明是一项哲学成就，它具有几乎无法再进一步的完整性和最高的哲学地位。《纯粹理性批判》始终未被超越。它仍然是哲学的基本典籍。对于当下这一代而言，它也是思想的标准与课题。

重要语汇简释

前注：这个语汇表包括若干重要概念，这些概念有助于读者迅速了解基本意义。在康德哲学中，这一切概念依照行文脉络，均有附带的意义上的细微差别。我们能在有关的字典和词典中（参阅后面重要参考书目第二项）得知这些细微差别。

（译者按：在德文本中，这个语汇表系按字母顺序排列；为适应中文的特性，今按笔画顺序排列。）

四画

◎ 内在的（immanent）
存在于可能经验的领域中者（参看"超越的"）。

◎ 比较概念（Vergleichungsbegriffe）
我们借以比较其他表象的那些概念。

◎ 无条件者（Unbedingtes）

不受条件所决定者；特别指一个既与的有条件者之条件底绝对完整性之理念。

◎ 认知、认识（Erkennen）

与思考不同，它是指将必然具有直观内容的概念结合起来。

五画

◎ 必然性（Notwendigkeit）

一般而言，指一项知识之牢靠的有效性；纯就概念而言，则指其反面为不可能之物。

◎ 矛盾律（Widerspruchssatz）

"与一个事物相矛盾的谓词不属于此事物。"对分析判断而言，此定律是真理之必要而充分的判准；反之，对综合判断而言，它只是个必要的（或者说，消极的）判准。

◎ 对象（Gegenstand）

在空间与时间中被给与并依经验法则被决定的事物〔参看"对象"（Objekt）〕。

◎ 对象（Objekt）

在一个概念中的既与直观底杂多之联结〔参看"对象"（Gegenstand）〕。

六画

◎ 后天的（a posteriori）
起源于经验的概念和判断。

◎ 自我意识（Selbstbewusstsein）
"我思"底存在之意识（参看"我思""统觉"）。

◎ 自由（Freiheit）
依消极义，指对于经验条件的独立性；依积极义，指本身自发地开始一个事件底系列的一种能力。

◎ 自然（Natur）
就形式而言，指一切经验法则的总合；就实质而言，指经验对象的总合。

◎ 回溯（Regressus）
无限地（in infinitum）退返；不定地（in indefinitum）退返。

◎ 全体性（Totalität）
条件之完整性（参看"无条件者"）。

◎ 先天的（apriori）
无待乎经验的概念或判断。

◎ 先验的（transzendental）

一切涉及我们对于对象的认知方式者。

◎ 有效性（客观的）〔Gültigkeit (objektive)〕

就概念性知识而言，与"普遍有效性""必然性"同义；就经验对象而言，与"表象中的事件之真实性"同义。

◎ 机能（Funktion）

指知性的活动；藉由它们，不同的表象被归诸一个共同表象。

七画

◎ 条件（Bedingung）

指概念或事态，由之我们能理解其他概念或事态的现实性或可能性。

◎ "我思"（Ich denke）

为一个意识之统一而结合我们的一切表象之那种活动（参看"统觉""自我意识"）。

◎ 判准（Kriterium）

我们能借以区别对象的特征；或者也指判定知识的标准。

◎ 言语形式之诡辩（sophisma figurae dictionis）

指一种谬误，于此我们偷偷地在大前提与小前提中使用不同意义的中介概念；与"四名之误"（quaternio terminorum）同义：从一项推论所需的三个概念偷偷地产生四个概念。

◎ 系统（System）
在一个理念之下诸多知识之有条理的统一。

◎ 诈取（Subreption）
藉由将一个概念实在化去骗取一项知识。

八画

◎ 物自身（Ding an sich）
现象之必要的相反概念。

◎ 事相（Phaenomenon）
感性存有者；作为现象的对象。

◎ 知性推论（Verstandesschluss）
直接推论；藉由逻辑转换由一项判断推衍出另一项判断。

◎ 表象（Vorstellung）
一切出现在意识中者的共名。

◎ 现象（Erscheinung）
"物自身"的相反概念；依最广义，指直观的一切对象。

◎ 经验（Erfahrung）
由感官所提供且由知性所设想的一切知识之总合。

◎ 构想力（Einbildungskraft）
指人类知识之能力，它居于感性和知性间为其中介。

◎ 图式（Schema）
构想力的产物，它使范畴可能应用于现象。

九画

◎ 背反（Antinomie）
理性之自我牴牾；其产生系由于两个相矛盾的陈述均能得到证明。

◎ 思考、思想（Denken）
依最广义，指表象之结合。

◎ 界限概念（Grenzbegriff）
标示人类理性与感性之界限的概念。

◎ 相继（Sukzession）
诸表象在时间中的前后相随。

◎ 统觉（Apperzeption）
自我意识的统一；对康德而言，此系范畴之最高的证成条件（参看"我思""自我意识")。

◎ 误推（Paralogismus）
理性从"我思"之统一推得心灵底实体的错误推论。

十画

◎ 原理（Grundsatz）
指一项定律，它并非基于更高或者更普遍的定律，但仍能被证明。

◎ 原则（Prinzip）
知识的根源。

◎ 根源（Ursprung）
知识的来源：表象、概念、判断在一种认知能力中的本原位置。

十一画

◎ 推证（先验的）〔Deduktion（transzendentale）〕
证成直观、概念、理念为可能的知识之条件，或者是使知识可能扩展成一个系统的条件。

◎ 理想（Ideal）
一切存有者底存有者（ens entium；ens originarium；ens summum）之理念。如果这个理想被设想为存在的，便牵涉到对上帝之存在的骗取。

◎ 理体（Noumenon）
知性存有者；被设想为在感性之外的一般而言的某物之不定概念。

◎ 理性推论（Vernunftschluss）
由两个前提推衍出一项知识。

◎ 涵摄（Subsumtion）
使一个殊相隶属于一个共相。

◎ 虚焦点（Focus imaginarius）
一切理性知识之想象的目标点。

◎ 综合（Synthesis）
不以分析方式互涵的不同表象之结合。

十二画

◎ 普遍有效性（Allgemeingültigkeit）
与客观有效性同义；普遍有效的判断对一切对象均有效，而无例外。

◎ 智思的（intelligibel）
指一个只能藉由知性去设想的对象。

◎ 超越的（transzendent）
逾越可能经验之界限者（参看"内在的"）。

十三画

◎ 意识（Bewußtsein）

康德在下列语词中使用"意识"：一般而言的意识、经验意识、先验意识。一般地说，它指认知条件的总合。

◎ 感受、感觉（Empfindung）

一个对象对于主体底表象能力的作用之结果。

◎ 感觉（Sinn）

外在感觉（外感）：空间中的对象之表象，而由感官所提供者；内在感觉（内感）：我们借以在时间中知觉我们的内在状态（这也就是说，间接也知觉外感之表象）的那些表象。

◎ 触动（Affektion）

对象之作用于感性的认知能力；特别指感性之为"物自身"所决定。

十六画

◎ 辩证论（Dialektik）

一般地说，是指那种或由逻辑的错误推论、或由先验的错误推论所产生的幻相之批判。

重要参考书目

1. 版本

Kants gesammelte Schriften, hrsg. von der Königlich-Preußischen Akademie der Wissenschaften, Berlin 1902ff. – Photomechanischer Nachdruck der Ersten Abteilung: *Kants Werke* (Bd. I-IX) Berlin 1968/1977; *Kritik der reinen Vernunft* (=KrV) 2. Aufl. 1787=Bd. III ; KrV 1. Aufl. bis einschließlich Paralogismuskapitel=Bd. IV.

Kant-Studienausgabe, hrsg. von W. Weischedel, Darmstadt/Frankfurt a.M. 1956-1964. – Nachdruck in der Reihe Suhrkamp-Taschenbuch-Wissenschaft, Frankfurt a. M. 21976 ; KrV=Bd. III und IV.

Immanuel Kants Werke, hrsg. von E. Cassirer, in Gemeinschaft mit H. Cohen, A. Buchenau, O. Buek u.a., Berlin 1912-1922; KrV 2. Aufl. =Bd. III.

此外，在汉堡Felix Meiner 出版社的《哲学丛书》(*Philosophische Bibliothek*)里已慎重出版的各册中，亦有康德的主要著作可资利用。在《哲学丛书》里，《纯粹理性批判》系当作第37a册而出版，由施密特（R. Schmidt）编纂成对照本（第一版=A，第二版=B）。

2.字典与词典

Eisler, R.: *Kant-Lexikon. Nachschlagewerk zu Kants Sämtlichen Schriften, Briefen und handschriftlichem Nachlass*, Berlin 1930, Hildesheim 21969.

Mahler, Ph. U.: *Wörterbuch zur Kritik der reinen Vernunft und zu den philosophischen Schriften von Herrn Kant*, 1788.

Martin, G.: *Sachindex zu Kants Kritik der reinen Vernunft*, bearb. von D. J. Löwisch, Berlin 1967.

Mellin, G. S. A.: *Enzyklopädisches Wörterbuch der kritischen Philosophie*, 6 Bde. 1797-1803.

Ratke, H.: *Systematisches Handlexikon zu Kants Kritik der reinen Vernunft*,[1] 1929, ND Hamburg 1965.

Schmid, C. C. E.: *Wörterbuch zum leichtern Gebrauch der Kantischen Schriften*, 4., verm. Ausg. 1798, neu hrsg. von N. Hinske, Darmstadt 21980.

Wegner, G.: *Kantlexikon. Ein Handbuch für Freunde der Kant'schen Philosophie*, Berlin 1893.

3. 对康德的一般介绍

v. Aster, E.: *Immanuel Kant*, Leipzig 1909.

Bauch, B.: *Immanuel Kant*, Berlin/Leipzig ³ 1923.

Bröcker, W.: *Kant über Metaphysik und Erfahrung*, Frankfurt a. M. 1970.

Caird. E.: *The Philosophy of Kant*, 2 Bde., London 1889.

Cassirer, E.: *Kants Leben und Lehre*, Berlin 1918 (= *Immanuel Kants Werke*, hrsg. von E. Cassirer, Bd. XI, Ergänzungsband), ND der 2. Auflage 1921, Darmstadt 1972, ND 1978.

Döring. O.: *Das Lebenswerk Immanuel Kants*, Lübeck ²/³ 1916.

Erdmann, J. E.: *Die Philosophie der Neuzeit. Geschichte der Philosophie* VI und VII, Hamburg 1971.

Fischer, K.: *Immanuel Kant und seine Lehre*, 2 Bde., Heidelberg ⁶ 1928.

Gulyga, A.: *Immanuel Kant*, Frankfurt a. M. 1981.

Heimsoeth, H.: *Studien zur Philosophie Immanuel Kants* (=*Kantstudien-Ergänzungsheft* 71), Köln 1956.

Hinske, N.: *Kant als Herausforderung an die Gegenwart*, Freiburg/München 1980.

Höffe, O.: *Immanuel Kant*, München 1983.

Holz, H.: *Einführung in die Transzendentalphilosophie*, Darmstadt 1973.

Jaspers, K.: "Kant", in: ders.: *Plato, Augustin, Kant. Drei Gründer des Philosophierens*, München 1957, S. 179-398; dasselbe als Sonderband: *Kant. Leben, Werk, Wirkung*, München/Zürich ² 1983.

Kaulbach, F.: *Kant*, Berlin 1969.

Körner, S.: *Kant*, Göttingen 1967.

Kopper, J. und Malter, R. (Hrsg.) : *Immanuel Kant zu ehren*, Frankfurt a. M. 1974.

Lehmann, G.: *Beiträge zur Geschichte und Interpretation der Philosophie Kants*, Berlin 1969.

Martin, G.: *Immanuel Kant. Ontologie und Wissenschaftstheorie*, Berlin [4]1969.

Messer, A.: *Immanuel Kants Leben und Philosophie*, Stuttgart 1924.

Paulsen, F.: *Immanuel Kant. Sein Leben und seine Lehre*, Stuttgart [2/3] 1899.

Schultz, U.: *Kant*, Hamburg 1965.

Teichner W.: *Kants Transzendentalphilosophie. Grundriss*, Freiburg/München 1978.

Valentiner, Th.: *Kant und seine Lehre. Eine Einführung in die kritische Philosophie*, Stuttgart [4]1976.

Vorländer, K.: *Immanuel Kants Leben*, 3. Aufl., neu hrsg. von R. Malter, Hamburg 1974.

—: *Immanuel Kant. Der Mann und das Werk*, 2. erweiterte Aufl. hrsg. von R. Malter, Hamburg 1977.

Zocher, R.: *Kants Grundlehre. Ihr Sinn, ihre Problematik, ihre Aktualität*, Erlangen 1959.

4.对《纯粹理性批判》的介绍

Bird, G.: *Kant's Theory of Knowledge*, London 1962.

Buchenau, A.: *Grundprobleme der reinen Vernunft. Zugleich eine Einführung in den kritischen Idealismus*, Leipzig 1914.

Buhle, J. G.: *Einleitung in die allgemeine Logik und die Kritik der reinen Vernunft*, Göttingen 1795, ND Brüssel 1968.

Cohen, H.: *Kants Theorie der Erfahrung*, Berlin³ 1918.

Drescher, W.: *Vernunft und Transzendenz. Einführung in Kants Kritik der reinen Vernunft*, Meisenheim 1971.

Erdmann, B.: *Die Idee von Kants Kritik der reinen Vernunft* (=Abh. d. Königl. Preuss. Akad. d. Wiss. 〔1917〕 Phil.-Hist. Klasse), Berlin 1917.

Heidemann, I. und Ritzel, W. (Hrsg.): *Beiträge zur Kritik der reinen Vernunft* 1781-1981, Berlin/New York 1981.

Holzhey, H.: *Kants Erfahrungsbegriff*, Basel/ Stuttgart 1970.

Kaulbach, F.: *Philosophie als Wissenschaft. Eine Anleitung zum Studium von Kants Kritik der reinen Vernunft in Vorlesungen*, Hildesheim 1981.

Klein, H. -D.: *Vernunft und Wirklichkeit. Bd. 1:Untersuchungen zur Kritik der Vernunft*, Wien/München 1973.

Konhardt, K.: *Die Einheit der Vernunft. Zum Verhältnis von theoretischer und praktischer Vernunft in der Philosophie Immanuel Kants*, Königstein/Ts. 1979.

Kopper, J. und Malter, R. (Hrsg.) : *Materialien zu Kants "Kritik der reinen Vernunft"*, Frankfurt a. M. 1975.

Krings, H.: Art. "Transzendentale Logik", in: *Historisches Wörterbuch der Philosophie*, Bd. 5, Basel/ Stuttgart 1980, Sp. 462-471.

Marcus, E.: *Die Beweisführung in der Kritik der reinen Vernunft*, Essen 1914.

Menzel, A.: *Kants Kritik der reinen Vernunft. Leitfaden zum Studium*, Berlin 1922.

Prauss, G.: *Erscheinung bei Kant. Ein Problem der "Kritik der reinen Vernunft"*, Berlin 1971.

——: *Kant und das Problem der Dinge an sich*, Bonn 1974.

5. 注解

Apel, M.: *Kommentar zu Kants Prolegomena. Eine Einführung in die kritische Philosophie*, Leipzig 21923.

Bennett, J.: *Kant's Analytic*, Cambridge 1966.

——: *Kant's Dialectic*, Cambridge 1974.

Cohen, H.: *Kommentar zu Immanuel Kants Kritik der reinen Vernunft*, Leipzig $^{2/3}$ 1917-1920.

Cornelius, H.: *Kommentar zu Kants Kritik der reinen Vernunft*, Erlangen 1926.

Fischer, K.: *Immanuel Kant und seine Lehre. Erster Teil. Entstehung und Grundlegung der kritischen Philosophie*, Heidelberg ^{6} 1928.

Grayeff, F.: *Deutung und Darstellung der theoretischen Philosophie Kants. Ein Kommentar zu den grundlegenden Teilen der Kritik der reinen Vernunft*, Hamburg ^{2} 1966.

Heimsoeth, H.: *Transzendentale Dialektik. Ein Kommentar zu Kants Kritik der reinen Vernunft*, 4 Teile, Berlin 1966-1971.

Henrich, D.: *Identität und Objektivität. Eine Untersuchung über Kants transzendentale Deduktion*, Heidelberg 1976.

Messer, A.: *Kommentar zu Kants Kritik der reinen Vernunft*, Stuttgart 1922/1923.

Nink, C.: *Kommentar zu Kants Kritik der reinen Vernunft. Kritische Einführung in Kants Erkenntnistheorie*, Frankfurt a. M. 1930.

Paton, H. J.: *Kant's Metaphysic of Experience. A Commentary on the First Half of the Kritik der reinen Vernunft*, 2 Bde., London ^{2} 1951.

Strawson, P. F.: *The Bounds of Sense. An Essay on Kant's Critique of Pure Reason*, London 1966; deutsch: *Die Grenzen des Sinns. Ein Kommentar zu Kants Kritik der reinen Vernunft*, aus dem Englischen von E. M. Lange, Königstein/Ts. 1981.

Vaihinger, H.: *Commentar zu Kants Kritik der reinen Vernunft*, 2 Bde.,Stuttgart/Berlin/Leipzig 1881/1892.

6.对后世的影响及最近的讨论

Aschenberg, R.: "Über transzendentale Argumente. Orientierung in einer Diskussion zu Kant und Strawson", in: *Philosophisches Jahrbuch* 85 (1978) S. 331-358.

Bärthlein, K.: "Zum Verhältnis von Erkenntnistheorie und Ontologie in der deutschen Philosophie des 18. und 19. Jahrhunderts", in: *Archiv für Geschichte der Philosophie* 56 (1974) S. 257-316.

Gerhardt, V. und Kaulbach, F.: *Kant* (= Erträge der Forschung 105), Darmstadt 1979.

Hartmann, K.: "Analytische und kategoriale Transzendentalphilosophie", in: *Die Aktualität der Transzendentalphilosophie. Hans Wagner zum 60. Geburtstag*, hrsg. von G. Schmidt und G. Wolandt, Bonn 1977, S. 45-58.

Marquard, O.: *Skeptische Methode im Blick auf Kant*, Freiburg/München 1958, ³1982.

Prauss, G. (Hrsg.): *Kant. Zur Deutung seiner Theorie von Erkennen und Handeln*, Köln 1973.

Röd, W.: "Transzendentalphilosophie und deskriptive Philosophie als wissenschaftliche Theorien", in: *Die Aktualität der Transzendentalphilosophie. Hans Wagner zum 60. Geburtstag*, hrsg. von G. Schmidt und G. Wolandt, Bonn 1977, S. 77-92.

Schönrich, G.: *Kategorien und transzendentale Argumentationen. Kant und die Idee einer transzendentalen Semiotik*, Frankfurt a.M. 1981.

Seebohm, Th. M.: "Die Kantische Beweistheorie und die Beweise der Kritik der reinen Vernunft", in: *Akten des Internationalen Kant-Kongresses Mainz 4.-8. April 1981. Teil II: Vorträge*, hrsg. von G. Funke, Bonn 1982, S. 127-148.

Vossenkuhl, W.: "Transzendentale Argumentation und transzendentale Argumente. Überlegungen zur Möglichkeit eines transzendentalen Kriteriums", in: *Philosophisches Jahrbuch* 89 (1982) S. 10-24.

Walker, R. C. S.: *Kant on Pure Reason*, Oxford 1982.

人名索引

四画

牛顿（Isaak Newton）6，7，36

五画

史卓森（P. F. Strawson）179
兰伯特（J. H. Lambert）3
卢梭（J. J. Rousseau）7

六画

伊壁鸠鲁（Epikur）167
休谟（David Hume）1，7，12，13，168
亚里士多德（Aristoteles）35，78，163，167

七画

里德（Thomas Reid）7
伽利略（Galileo Galilei）6
亨利希（Dieter Henrich）178
吴尔夫（Christian Wolff）1，7，8，11，72，168

八画

孟德斯鸠（Ch. Montesquieu）7
叔本华（Arthur Schopenhauer）169
欧几里得（Euklid）176

九画

柏克莱（George Berkeley）8，12，45，110
科尔纳（St. Körner）179
洛克（John Locke）7，11，12，18，115，167
柏拉图（Platon）26，78，120，167
费希尔（Kuno Fischer）110
费希特（J. G. Fichte）171，175，177，178

十画

海德格尔（Martin Heidegger）177
哥白尼（Nikolaus Kopernikus）6，38

莱布尼茨（G. W. Leibniz）1，7，10，26，72，115，168
莱希（Klaus Reich）178
莱亨巴赫（Hans Reichenbach）176
莱因霍尔德（K. L. Reinhold）176
爱因斯坦（Albert Einstein）175

十一画

培根（Francis Bacon）7，36
笛卡儿（René Descartes）7，26

十二画

黑尔兹（Markus Herz）3
雅科比（F. H. Jacobi）175
舒尔兹（F. A. Schultz）7
斯宾诺莎（Benedictus de Spinoza）7，26
谢林（F. W. J. Schelling）178

十六画

霍布斯（Thomas Hobbes）7

概念索引

二画

人 42-44，163

三画

上帝（亦见"纯粹理性之理想"）43-45，118f.，138-143
    上帝与自然 150f.
上帝之证明 139-143

四画

分析论 78
    先验分析论 55-58，79，80-115
方法
    独断的方法 46，154
    批判的方法 155

方法论 34，54，153-168

公理，直观底 98

心理学，理性 56，125

王国，自由 42f.

王国，自然 42f.

内感 70f.

幻相 72

　　先验幻相 116-152，123

心灵（=灵魂）43-45，109f.，124

无条件者 40f.，117-124

历史，纯粹理性的 167f.

五画

史学 163

训练，纯粹理性的 154-157

对立，辩证的 133

六画

成素论 34，54-61

自由 42-45，126f.，135f.，158

宇宙论，理性 56，125-137

自然 13，151，163，164f.

自然探究 143

自然科学 13f.，50，152，156

自发性　见"知性"

先验的 31

先验哲学 14，23，31-35，48f.，164

　　先验哲学的任务 31f.，130

　　先验哲学的区分 34

　　先验哲学的系统 31f.

交互作用 106

宇宙 43，118f.，125-137

宇宙性概念，哲学的 162

自我意识　见"统觉"

存有论 164

设准

　　经验思考之设准 98，110

　　实践的设准 162

　　实践理性底设准 173

产物，先验的　见"图式"

观念论

　　心理学的观念论 45f.

　　先验观念论 131

　　对观念论的驳斥 45f.，108f.

观念性，先验的　见"空间""时间"

关系

　　判断之关系 82

　　关系之原理　见"经验底类比"

　　关系之范畴 85

七画

批判，纯粹理性底

    纯粹理性底批判的论证结构 58-61

    纯粹理性底批判的格局 54-58

    纯粹理性底批判的意义 16-19

    纯粹理性底批判的使命 41，51-53

批判，判断力 91，144，172f.

    批判，理性能力之 19，163

    理性能力底批判之区分 33f.，48

    理性能力底批判之方法 179

    作为一门特殊学问之理念的"理性能力底批判" 32-35，48

批判论 14

序论，未来形上学之 53，56

言语形式之诡辩 124，126，131

系统，哲学底 162-164

判断 81

    分析判断 28，49，177

    综合判断 28f.，49

    先天综合判断 30f.，49-52，177

判断力

    反思判断力 144f.

    目的论判断力 173

    先验判断力 94f.

    判断力底先验学说 55，92-96

判断表 82-84，177

形上学 17-19, 22f.
  作为自然禀赋的形上学 52f.，152
  作为学问的形上学 32f., 37-41, 51-52, 164-166
  自由底形上学 152
  自然底形上学 23，152，164-166
  道德底形上学 164-166
时间 63，67-71，175f.
  时间的绝对实在性 72f.
  时间的经验实在性 71f.
  "时间"概念的形上阐释 68f.
  "时间"概念的先验阐释 69f.
  时间之先验观念性 71
  时间之总合、内容、秩序、系列（亦见"图式"）95
启蒙时代 6
诈取，先验的 142
怀疑论 12-14，18，45
证明，迂回 156f.

八画

歧义，反思概念之 114f.
直观形式　见"空间""时间"
物自身 38-44，72，113，131-133，175f.
物理学 35f.
知识　见"判断"
  哲学知识 162-164

后天知识 24f.

　　　先天知识 24-27

　　　知识之扩展 28-30

　　　知识之明晰性 21f.

　　　知识之确切性 21f.

幸福 159-160

法规，纯粹理性的 158-162

事相 111-114

法庭 19

受纳性　见"感性"

空间 63f.，67，175f.

　　　空间的绝对实在性 72

　　　空间的经验实在性 71f.

　　　"空间"概念的形上阐释 63f.

　　　"空间"概念的先验阐释 65

　　　空间之先验观念性 66

知性 74f.

　　　知性运用之最高原则　见"统觉"

　　　知性概念，纯粹 80-83，95

　　　纯粹知性概念的形上推证 80-84

　　　纯粹知性概念的先验推证 21f.，80f.，86-92

建筑学，纯粹理性的 154f.，162-167

现象 38-41，71f.，113，131，175f.

经验论 7-12，163

经验 23-26，28f.，86-91，97f.，99-106，111，129f.

构想力，先验的 93f.

实在性底全体 138f.

图式，先验的 93-95

图式论 95f.

范畴　见"知性概念"

　　范畴之认知意义 86-88，111

　　范畴表 84f.

质

　　判断之质 82

　　质底原理　见"知觉底预知"

　　质底范畴 84f.

九画

背反，纯粹理性之 55，117，125-137

　　纯粹理性之背反的化解 135-137

相对论 175

革命，思考方式的 36

神学 167

　　理性神学 56

研究规则，理性之 144

统觉，先验的 89-91，178f.

误推，纯粹理性之 55，116-117，124

类比，经验底 98，100-106

独断论 13f.，18，46

十画

原理
    分析判断的原理 96f.
    因果性原理 25f.
    综合判断的原理 97
    理性底程序之原理 122f.
原理，纯粹知性的 96，97-108，109f.
    纯粹知性底原理之系统 92-94，95-97，109f.
哥白尼式的转向 38
原则，规制 见"理念"134
原型，先验的 138
预知，知觉底 99f.
预备学 32，163
样态
    判断之样态 83
    样态之原理 见"经验思考之设准"
    样态之范畴 85

十一画

推证 见"知性概念""理念"
    形上推证 81-86，117f.
    先验推证 81，86-92，147-149
理想，纯粹理性之 55，116，137-143
理念，先验的 43-45，116-119，122f.

　　　　宇宙论理念 126-129
　　　　理念之形上推证 117f.
　　　　理念之先验推证 147-149
　　　　理念之图式化 148
　理体 111-114
　　　　理体概念 113
　理性论 7-12
　理性
　　　　有限理性 18f.
　　　　怠惰的理性 150
　　　　颠倒的理性 150
　　　　纯粹理性之骨架 58f.，60-61
　　　　狭义的理性 116-119
　　　　人类理性之终极目的 163
　理性与感性 10-12
　理性概念，纯粹的　见"理念"
　理性底运用
　　　　理性之争辩的运用 155
　　　　理性之怀疑的运用 155f.
　　　　理性之假设的运用 144-146
　　　　理性之规制的运用 144-146
　　　　理性之实践的运用 158
　理性信仰 43，161f.
　理性推论 117f.，120f.
　　　　定言的理性推论 117，120
　　　　假言的理性推论 117f.，120f.

选言的理性推论 118，121，138

涵摄 93

虚焦点 148

综合（亦见"统觉"）29f.，49，87-89

逻辑 35，55，75-78

　　　一般纯粹逻辑 76

　　　先验逻辑 55f.，74f.，77-79

　　　先验逻辑的区分 79

　　　幻相的逻辑（亦见"先验辩证论"）78

十二画

量，广度量/强度量 99

量

　　　判断之量 82f.

　　　量底原理　见"直观底公理"

　　　量底范畴 84

道德神学 141-143，152，161f.

道德法则 159，162

道德世界 160f.

道德 158-161

十三画

意志自由 42-45

意识，经验 109f.

感性论，先验 34，54，62-73
感性
  感性之理论　见"感性论"
  感性的独立性 72
  感性的限制 112
感性与理性 10f.
感性与知性 74f.，112f.，176
数学 26f.，35f.，50，152，154f.，163
错误推论　见"言语形式之诡辩"
  纯粹理性之错误推论 123f.

十六画

辩证论 78
  先验辩证论 58，79，116-146